Baron Pierre DE BOURGOING

LE
Duc de Mortemart

ET LE

Baron de Bourgoing

SOUVENIRS ANECDOTIQUES

PARIS

ÉMILE-PAUL, ÉDITEUR

100, Faubourg-Saint-Honoré, 100.

—

1904

LE

DUC DE MORTEMART

ET LE

BARON DE BOURGOING

Baron Pierre DE BOURGOING

LE

Duc de Mortemart

ET LE

Baron de Bourgoing

SOUVENIRS ANECDOTIQUES

PARIS

ÉMILE-PAUL, ÉDITEUR
100, Faubourg-Saint-Honoré, 100.

1904

LE DUC DE MORTEMART

INTRODUCTION AU CHAPITRE Ier

En mourant, le 1er décembre 1825, l'empereur Alexandre Ier, à peine âgé de quarante-huit ans, ne laissait pas d'héritiers directs. L'aîné de ses trois frères, Constantin-Paulowitch, deuxième fils de Paul Ier, né en 1779, était appelé à lui succéder. Il apprit la mort de son frère à Varsovie, où il résidait comme vice-roi de Pologne.

Après avoir divorcé d'avec la grande-duchesse Anne des Pays-Bas, le grand-duc Constantin avait, en 1820, déposé aux pieds de la fille d'un simple gentilhomme, Jeanne de Grudzenska, son titre de tzarewitch, sa double couronne d'Orient et d'Occident, sa fortune et son cœur, et il avait résigné, en 1822, tous ses droits à l'Empire par une renonciation demeurée secrète.

« Sire, écrivit-il à l'Empereur, ne reconnaissant en moi ni le génie, ni les talents, ni la force nécessaire pour être jamais élevé à la dignité souveraine à laquelle je pourrais avoir droit par ma naissance, je supplie Votre Majesté de transférer ce droit à celui à qui il appartient après moi, et d'assurer ainsi, pour toujours, la stabilité de l'Empire. Quant à moi, j'ajouterai par cette renonciation une nouvelle garantie et une nouvelle force à l'engagement que j'ai spontanément et solennellement contracté à l'occasion de mon divorce avec ma première femme.

« Sire, agréez avec bonté ma prière, daignez contribuer à ce que notre auguste mère veuille y adhérer, et sanctionnez-la de votre assentiment impérial. »

La réponse d'Alexandre Ier était ainsi conçue :

« Ayant toujours su apprécier les sentiments élevés de votre cœur, je n'ai trouvé dans votre lettre rien qui pût me surprendre. Elle m'a donné une nouvelle preuve de votre sincère attachement à l'Etat et de votre sollicitude pour son inaltérable repos.

« Conformément à votre désir, j'ai présenté votre lettre à notre mère chérie. Elle l'a lue avec le même sentiment que moi, en appréciant les nobles motifs qui vous ont guidé. Tous les deux, nous n'avons plus maintenant, après avoir pris en considération les raisons que vous alléguez, qu'à vous donner pleine liberté de suivre votre inébranlable résolution et à prier le Tout-Puissant de bénir les conséquences d'intentions aussi pures. »

Le futur autocrate de toutes les Russies, le grand-duc Nicolas, était né en 1796. Son éducation avait été solide, vigoureuse, simple dans son ensemble comme dans ses détails. Elle avait été confiée aux comtes Lambsdorf et Mourawieff, au conseiller d'Etat d'Adlung, au professeur Dupuget, de Lausanne, qui n'avaient pas fait luire dans l'esprit de leur élève l'éclat des grandeurs souveraines, mais s'étaient efforcés de faire naître en lui une appréciation juste des choses au point de vue moral et humanitaire.

Son instinct le dirigeait vers l'armée.

1.

Elevé dans les tressaillements de l'Europe en armes, il avait, enfant, vu les destinées du monde se décider au cœur de la Russie, la torche de Rostopchine se mesurer à l'épée d'Austerlitz, et l'on citait sa réponse au comte Lambsdorf, qui lui demandait quelle position il choisirait s'il n'était prince :

— Celle de tambour.

— Pourquoi, Monseigneur?

— Parce que le tambour marque le pas de la gloire.

L'héritier d'Alexandre était peu connu des diplomates étrangers. Ils ne voyaient en lui qu'un soldat. A Londres, à Berlin où il compléta son éducation militaire dans un régiment de la Garde, rien ne laissa prévoir qu'il jouerait, pendant trente ans, un rôle prépondérant en Europe. Le baron de Humboldt fut peut-être seul à pronostiquer, à la suite d'une conversation qu'il avait eue avec le grand-duc : « Ou je me trompe fort, ou ce prince sera le plus grand monarque de son temps. »

L'empereur Nicolas recevait l'Empire, des mains de ses prédécesseurs, avec tous les agrandissements que son glorieux ancêtre Pierre le Grand avait rêvés.

Pierre ne s'était pas borné à fonder un Etat, à bâtir une capitale, à organiser une armée, une marine, à développer le commerce, les arts, les sciences. Il avait conquis à la Russie six provinces nouvelles et trois mers ; il avait vaincu Charles XII, humilié la Suède, subjugué l'Allemagne, étonné le monde.

Catherine II avait emporté la meilleure part de la Pologne, enfermé dans son empire le Caucase, la Géorgie, la Crimée, le Borysthène, et jeté ses vaisseaux dans la mer Noire, en leur montrant le chemin de Byzance.

Alexandre, succédant à Paul Ier dont le règne s'était éteint dans une convulsion sanglante, avait lutté contre Napoléon ; ralliant et dirigeant la dernière coalition, il avait formé la Sainte-Alliance, subordonné les Etats du Nord, rattaché la Finlande à son empire, consolidé sa domination sur la mer Noire et la mer Caspienne par la cession définitive de la Géorgie et de quatre provinces persanes.

De toutes ces conquêtes s'était formée la Russie avec ses continents et ses océans, unissant deux parties immenses de l'Europe et de l'Asie, servant de route entre l'Inde et la Perse, touchant à l'Allemagne par la Saxe et par les provinces de Moldo-Valachie, qui mettaient les bouches du Danube à la portée de son épée.

Dominant la mer Noire par Sébastopol, la Baltique par Cronstadt; ayant trois capitales : Saint-Pétersbourg, Moscou, Varsovie, la Russie s'avançait pas à pas vers les Dardanelles pour en faire le Gibraltar de l'Orient contre l'Occident. Tel était l'empire qui venait d'échoir au tzar Nicolas.

La Turquie avait provoqué, à différentes reprises, le mécontentement du cabinet de Saint-Pétersbourg par de continuelles infractions au traité de Bucharest. Par ce traité, signé en 1812, la Sublime-Porte s'était engagée à accorder une amnistie complète aux Serbes, des immunités à la Moldavie et à la Valachie, à ouvrir les Dardanelles au commerce russe, à abandonner certaines forteresses d'Asie.

Malgré ses engagements, non seulement la Porte n'avait exécuté aucune clause du traité, mais les troupes turques avaient envahi la Serbie, frayant, avec le fer, des chemins qu'elles éclairaient avec l'incendie. La Moldavie et la Valachie étaient surchargées d'impôts, les navires sous pavillon russe étaient soumis à d'illégales et à d'humiliantes visites.

Pendant dix ans, Alexandre, inspiré par un sentiment d'humanité, en appela aux voies pacifiques de la diplomatie pour garantir l'exécution d'engagements réciproques. La mort le surprit lorsqu'il était résolu à imposer au sultan Mahmoud le respect de ses droits et la dignité de sa couronne.

Dès le début de son règne, l'empereur Nicolas déclara ses formelles intentions de continuer, à l'égard de la Porte, la politique de son prédécesseur, et il adressa au Divan un ultimatum par lequel il lui accordait deux mois pour se soumettre.

Ce langage effraya les Cours européennes, et le chef du Foreign-Office, Canning, se hâta d'envoyer à Saint-Pétersbourg le duc de

Wellington, avec mission de sonder les intentions réelles de l'Empereur. Le duc ne put obtenir qu'une chose du Tzar : ne recourir à la force qu'après avoir épuisé avec le Sultan tous les moyens conciliables avec la dignité de la Russie.

« Quelques jours avant sa mort, lui dit l'Empereur, mon frère Alexandre avait pris la résolution de soumettre à la force des armes une question proposée à la bonne foi, à la loyauté de la Porte. L'empereur Alexandre n'est plus ! Mais, sur son tombeau, n'ayant pour témoins que ma conscience et Dieu, j'ai fait un serment, celui de marcher sur les traces de mon prédécesseur. Avec l'aide de Dieu, j'espère conduire à bonne fin l'œuvre dont il m'a confié l'exécution. »

Fidèle à sa parole, Nicolas renoua à Ackermann les négociations interrompues; mais les instructions données aux plénipotentiaires russes, le comte Woronzoff et M. de Ribeaupierre, équivalaient à un ultimatum : « Si, dans six semaines, le traité que j'exige n'est pas conclu et signé, mes troupes passeront

immédiatement le Pruth et occuperont la
Moldavie. »

La Turquie eut peur; elle signa la convention d'Ackermann, qui confirmait les
clauses du traité de Bucharest.

Les difficultés entre la Russie et la Porte
semblaient aplanies, lorsque la question hel-
lénique surgit de nouveau.

La Grèce, après dix années de lutte pour
son indépendance, avait fini par conquérir
les sympathies de l'Europe. Le duc de Wellington, pendant son voyage à Saint-Pétersbourg, avait signé, avec le comte Nesselrode,
un protocole par lequel l'Angleterre proposait sa médiation entre la Porte et la Grèce,
et ce protocole avait été appuyé par M. de
La Ferronnays, ambassadeur de Charles X
en Russie.

M. de Ribeaupierre, arrivé à Constantinople avec le titre d'ambassadeur, appuya
les ouvertures faites à la Porte par l'envoyé
d'Angleterre, mais le Divan repoussa énergi-
quement ces propositions, déclarant qu'il
n'admettait pas l'intervention étrangère entre
la Porte et ses sujets révoltés.

Les conseils du général Guilleminot, ambassadeur de France, ne purent empêcher
Mahmoud de rester inébranlable dans sa résolution. « La plume a fait son devoir, dit le
Grand Seigneur, le glaive fera le sien. » La
conséquence de cette réponse arrogante fut
la signature du traité de Londres — 6 juillet 1827 — entre les trois Cours de Russie, de
France et d'Angleterre, représentées par le
prince de Lieven, le prince de Polignac et le
vicomte Dudley.

Le préambule de ce traité portait : « Les
trois souverains, étant pénétrés de la nécessité de mettre un terme à la lutte sanglante
qui, en livrant les provinces grecques et les
îles de l'Archipel à tous les désordres de
l'anarchie, apportait chaque jour de nouvelles entraves au commerce européen et donnait lieu à des pirateries qui, non seulement
exposaient les sujets des hautes parties con-
tractantes à des pertes considérables, mais
exigeaient, en outre, des mesures onéreuses
de surveillance et de répression, les rois de
France et de Grande-Bretagne, ayant d'ailleurs reçu de la part des Grecs l'invitation

pressante d'interposer leur médiation auprès de la Porte ottomane et étant, ainsi que l'empereur de Russie, animés du désir d'éviter l'effusion du sang et de prévenir les maux de tous genres que peuvent entraîner la prolongation d'un tel état de choses, ils avaient résolu de combiner leurs efforts, etc., etc. »

Le Sultan, méprisant les ouvertures des cabinets européens, donna l'ordre à ses vaisseaux, réunis à ceux d'Ibrahim-Pacha, de porter le fer et le feu dans la Morée et dans les îles de l'Archipel. Il marchait fatalement à la catastrophe de Navarin. Le 20 octobre, les escadres combinées anéantissent, en quatre heures de combat, la flotte turco-égyptienne.

Aussitôt Mahmoud, oubliant son rôle de vaincu, envoya au reis-effendi les instructions suivantes, à notifier aux ambassadeurs des puissances signataires du traité de Londres : « Les trois puissances feront une réparation publique et solennelle à la Porte ottomane, pour l'insulte faite à son pavillon. Elles devront s'engager à payer une indemnité à la Sublime-Porte pour les dommages résultant de cette insulte. »

Les ambassadeurs quittèrent Constantinople le 8 décembre et, par son hatti-chérif du même jour, le Sultan déclara la guerre à la Russie. Pourtant, le Tzar ne perdit pas encore tout espoir d'accommodement. Il eut recours à M. de Metternich pour obtenir de la Turquie des concessions aux puissances alliées. Le cabinet autrichien qui, dans les négociations de ces dernières années, n'avait eu qu'un but : neutraliser en Orient l'ambition de la Russie, accepta le rôle d'intermédiaire ; mais la duplicité dont il fit preuve, les efforts qu'il tenta pour rompre la triple alliance, ne firent qu'exaspérer l'empereur Nicolas, et, las de tergiverser, celui-ci notifia, le 26 avril 1828, aux puissances européennes, le manifeste suivant :

« La paix de Bucharest, conclue en 1812 avec la Porte ottomane, après avoir été pendant seize ans l'objet de contestations fréquemment renouvelées, n'existe plus aujourd'hui, malgré tous les efforts que nous avons faits pour maintenir ce traité et le garantir de toute attaque. La Porte, non satisfaite d'avoir détruit les bases de l'état de paix, insulte maintenant la Russie et se prépare contre elle à une lutte à vie et à mort. Elle appelle aux armes ses peuples en masse ; elle accuse la Russie d'être son ennemie irréconciliable, foule aux pieds la convention d'Ackermann, et, par conséquent, tous les traités antérieurs. Enfin, la Porte ne balance pas à déclarer qu'elle n'a consenti aux stipulations de cette paix que pour mieux cacher ses plans et les préparatifs d'une nouvelle guerre.

« A peine a-t-elle prononcé ce mémorable aveu, que, déjà, les droits du pavillon russe sont méprisés, les bâtiments qu'il protège arrêtés, et leurs cargaisons deviennent la proie d'un gouvernement avide et arbitraire. Nos sujets se voient forcés de violer leurs serments ou de quitter un pays ennemi sans pouvoir trouver d'asile. Le Bosphore est fermé, notre commerce anéanti. Nos provinces méridionales, privées du seul débouché de leurs produits, sont menacées de pertes incalculables.

« Telle est la série d'attentats dont la Porte s'est rendue coupable depuis la conclusion du traité de Bucharest jusqu'à ce jour, et tel a été malheureusement le fruit que la Russie a retiré des sacrifices et des efforts généreux qu'elle s'est imposés pour maintenir la paix avec une puissance voisine.

« Mais toute longanimité a des bornes : l'honneur du nom russe, la dignité de l'Empire, l'inviolabilité de ses droits et celle de notre gloire nationale en ont marqué le terme. Ce n'est qu'après avoir pesé dans toute leur étendue nos devoirs, fondés sur une impérieuse nécessité, et nous être pénétré de la plus intime conviction de la justice de notre cause, que nous avons ordonné à nos armées de marcher, avec l'aide de Dieu, contre un ennemi qui viole le droit des gens et les engagements les plus sacrés.

« Nous sommes convaincu que nos fidèles sujets joignent à nos prières leurs vœux les plus ardents pour le succès de notre entreprise, et qu'ils invoqueront le Tout-Puissant pour qu'il investisse de sa force nos soldats et répande ses bénédictions sur nos armes, qui sont destinées à défendre notre sainte et chère patrie. »

Les hostilités commencèrent aussitôt. La guerre ne prit fin que le 14 septembre 1829, par la paix d'Andrinople.

CHAPITRE Ier

Le duc de Mortemart au quartier impérial russe
pendant la Campagne de 1828 (1).

La France, unie à la Russie par les liens les
plus intimes, resserrés encore par la victoire de
Navarin, avait demandé à s'associer au succès
des armées russes en envoyant sur le théâtre
des opérations une mission militaire commandée
par le général duc de Mortemart (2), ambassa-

---

(1) L'orthographe des noms propres a été reproduite telle
qu'elle se trouvait dans les rapports.

(2) Casimir - Louis - Victurnien de Rochechouart, duc de
Mortemart, fils de Victurnien-Jean-Baptiste-Marie et d'Adé-
laïde - Pauline - Rosalie de Cossé - Brissac, naquit à Paris, le
20 mars 1787. Sous-lieutenant au 1er régiment de dragons
en 1806, il fit comme officier d'ordonnance, d'abord du général
de Nansouty, puis de l'Empereur, les campagnes d'Espagne,
d'Allemagne, de Russie, de Saxe, de France. A la première Res-
tauration, Louis XVIII le nomma capitaine-colonel de la compagnie des Cent-Suisses; pendant les Cent-Jours, il suivit le
Roi à Gand; il était capitaine-colonel de la compagnie des
gardes à pied ordinaires du corps du Roi, avec le grade de

deur du roi Charles X près la Cour de Saint-Pétersbourg. Cette mission, composée de MM. Hector de Béarn, de Fitz-James, de Crussol, de Bourgoing, de Mortemart, Cazener, Henry de La Rochejaquelein, de La Ferronnays (1), avait reçu l'autorisation de prendre une part active à la guerre, et ses membres pouvaient servir, comme volontaires, dans les différents corps de troupe. Elle quitta Paris au commencement d'avril pour rejoindre le quartier impérial sur les bords du Danube. M. de Bourgoing, chargé d'affaires à Saint-Pétersbourg, ancien capitaine dans la Garde impériale, ne devait se mettre en route qu'après le départ de l'Empereur.

Le Tzar avait connu M. de Bourgoing à Berlin, en 1816, et l'honorait de son amitié.

---

maréchal de camp, lorsqu'il fut désigné pour suivre, en qualité d'ambassadeur, les opérations de la guerre des Balkans. Une ordonnance royale du 24 décembre 1828 le nomma lieutenant général. Mis en disponibilité en 1830, il fut rappelé à l'activité en 1831. Retraité en 1848, puis relevé de la retraite en 1849, il reçut, en 1852, le commandement de la 19e division à Bourges; l'empereur Napoléon III l'appela au Sénat, la même année. Il fut relevé de son commandement en 1855, sur sa demande, et mourut à Neauphle-le-Château (Seine-et-Oise), le 1er janvier 1875. (*Archives du ministère de la Guerre.*)

(1) MM. de Béarn, de Crussol, de Mortemart étaient les neveux de l'ambassadeur.

Enthousiaste de Napoléon, Nicolas Ier le considérait comme le type de l'autorité, indispensable, selon lui, pour dompter l'indiscipline incorrigible des peuples de notre siècle. « En voilà un qui vous menait bien, dit-il un jour au duc de Mortemart, en désignant sur son bureau un presse-papier représentant l'épée et le chapeau de l'Empereur. — Votre Majesté a raison, repartit notre ambassadeur ; il nous menait si bien qu'avec nous il malmenait toute l'Europe. »

Nicolas avait autant d'enthousiasme pour tout ce qui touchait à l'Empire ; dans les audiences qu'il accordait à M. de Bourgoing, il se plaisait à lui exprimer son admiration pour notre armée, pour la grande instruction de nos armes spéciales, pour l'intelligence individuelle de nos soldats. « Je n'ai pas oublié ce que vous m'avez expliqué à Berlin de la composition de la Garde de Napoléon ; je pourrais vous réciter ma leçon, vous faire l'énumération de tous les corps qui la composaient, depuis les vieux grognards et les mameluks, jusqu'aux tirailleurs, aux flanqueurs, aux marins de la Garde. » Et, pour affirmer les liens qui l'unis-

saient au roi Charles **X**, « son illustre allié (1) »,
il avait convié le représentant de la France à
assister, à ses côtés, au départ des régiments
qui se mettaient successivement en route de
Saint-Pétersbourg pour la Turquie.

« Le départ de ceux des corps de la Garde
russe qui doivent rejoindre l'armée continue,
écrivait M. de Bourgoing au comte de La Ferronnays, ministre des Affaires étrangères, et
l'Empereur me fait l'honneur de m'inviter aux
revues qui ont lieu tous les deux jours. Au moment du départ de chaque colonne, LL. MM.
les Impératrices assistent chaque fois à ces revues.

« Ce matin, j'ai vu se mettre en marche les
régiments d'Ismaïloff et des chasseurs de Fin-

---

(1) *M. de Fontenay au comte de La Ferronnays :*

« Saint-Pétersbourg, le 9 avril.

« Il y a eu, le lendemain de Pâques, cercle à la Cour. M. de
Bourgoing a eu, le même jour, l'honneur d'être présenté à
LL. MM. II. l'Empereur et l'Impératrice.

« L'Empereur m'a fait l'honneur de m'exprimer, ainsi qu'à
M. de Bourgoing, toute la satisfaction que lui faisait éprouver la confiance que lui témoigne le Roi, *son illustre allié*, et
il a renouvelé l'assurance que cette confiance ne serait jamais
trompée. »

lande. Votre Excellence se rappelle (1) que le premier de ces corps est pour l'Empereur un objet particulier d'intérêt et d'affection, que le régiment d'Ismaïloff appartenait à l'Empereur dès son enfance, qu'il n'est point d'officier ni même de soldat dans le corps que Sa Majesté ne connaisse par son nom ; aussi s'est-Elle montrée vivement touchée des cris d'enthousiasme et de dévouement qui s'élançaient de tous les rangs lorsque la colonne s'est mise en mouvement.

« Un instant avant, j'avais été témoin d'un spectacle qui ajoutait encore à l'intérêt et à la solennité du tableau : une foule immense était rassemblée pour assister au départ des troupes et, au moment où le signal allait être donné, toute cette population, rangée en face de la ligne, lui adressa ses adieux en s'inclinant et ses vœux en faisant le signe de la croix. Les soldats répondirent de même à ce salut pieux et fraternel. Un instant après, les régiments rompirent en colonne pour défiler devant Sa Majesté.

(1) Le comte de La Ferronnays avait quitté l'ambassade de Russie pour prendre le portefeuille des Affaires étrangères.

« L'empereur Nicolas paraissait très ému en recevant les adieux et le témoignage d'affection de son ancien régiment.

« Lorsque les derniers pelotons eurent disparu, Sa Majesté mit tout à coup son cheval au galop pour rentrer en ville, passa devant son état-major, me fit signe de La suivre; je m'avançai et me trouvai, pendant quelques instants, seul avec Elle. L'Empereur, me prenant alors la main, en me la serrant fortement, me dit avec une visible émotion : « Si vous écrivez à La Fer-« ronnays, dites-lui que vous avez vu partir « avec moi de bons vieux amis. »

« Je m'acquitte des ordres de Sa Majesté et suis persuadé, Monsieur le comte, que vous apprendrez, avec reconnaissance, que l'empereur Nicolas a pensé à vous dans un moment d'aussi noble émotion..... »

L'armée russe, commandée par le maréchal Wittgenstein, dont le quartier général se trouvait à Tulzin, était cantonnée en Podolie et en Bessarabie, sur les deux rives du Dniester, qu'elle avait commencé à franchir dès les premiers jours d'avril, afin de se rapprocher des frontières de la Moldavie où elle devait péné-

trer le 24 du même mois. Des approvisionnements immenses, réunis en Bessarabie, suivaient les mouvements de l'armée sur des
chariots grossiers qui servaient de combustible
dans les steppes lorsqu'ils étaient vides, tandis
que les bœufs d'attelage fournissaient aux sub-
sistances de la troupe. L'armée était une véritable colonie ambulante, obligée de traîner derrière elle jusqu'au charbon pour forger les fers
des chevaux et les réparations journalières de
cet immense matériel.

Le maréchal avait sous ses ordres (1) :

Le 3ᵉ corps d'infanterie, commandé par le
général RONDZEWITCH.

Le 6ᵉ corps d'infanterie, commandé par le
général ROTH.

Le 7ᵉ corps d'infanterie, commandé par le
général WOYNOFF.

La 10ᵉ division d'infanterie, commandée par
le général SCHWITCHIN.

Trois bataillons de pionniers.

La 3ᵉ division de dragons, commandée par le
général KOPINSKY.

____

(1) M. de Fontenay au comte de La Ferronnays.

La division des lanciers du Bug, commandée par le général KEITEO.

La 3ᵉ division de hussards, commandée par le général RUDIGER.

Le 4ᵉ corps de cavalerie de réserve, commandé par le général BOROWDIN, composé de la 1ʳᵉ division de dragons du général Zagrinzsky et de la 1ʳᵉ division de chasseurs à cheval du général Sass.

Onze régiments de cosaques.

Douze batteries d'artillerie à pied, à 12 pièces.

Douze batteries d'artillerie à pied, à 8 pièces.

Dix batteries d'artillerie à cheval, à 8 pièces, commandées par le général DE LŒWENSTERN.

Au total : 99 bataillons, 121 escadrons, 320 bouches à feu, présentant un effectif, sur le papier, de 125,580 hommes, qu'il convenait de réduire à environ 110,000.

La portion de la Garde impériale, dirigée sur le Pruth, comprenait 18,000 hommes d'infanterie ayant à leur tête le général Bistrow, 3,360 sabres sous les ordres du général Pchit-chenn, 64 bouches à feu commandées par le général Soukhosanet ; son chef était le grand-duc Michel. Elle devait être concentrée à Tulzin

à la fin de juillet, après quatre-vingt-dix jours
de marche. Les chevaux de selle de l'Empereur
et du grand-duc, partis longtemps d'avance,
étaient déjà arrivés dans cette ville le 5 avril.
Les équipages du quartier impérial compre-
naient 50 tentes, 40 fourgons, 70 calèches.

Toute l'armée avait été pourvue de tentes,
précaution indispensable pour bivouaquer dans
les pays plats, malsains, dénués de ressources
des bords du Dniester et du Pruth, où le Gouvernement s'attendait « à une mortalité considérable et aux plus grandes difficultés dans
les communications (1) ».

Il est difficile de donner avec exactitude
l'énumération des forces que le sultan Mahmoud
pouvait opposer aux armées russes opérant en
Asie Mineure et en Europe. Si l'on s'en rap-
porte au tableau fourni par la chancellerie du
grand vizir (2), les troupes soldées s'élevaient à
80,000 hommes environ.

L'infanterie comprenait 33 régiments à 3 bataillons de 500 hommes, plus 120 artilleurs

---

(1) M. de Fontenay au comte de La Ferronnays.

(2) Le colonel baron de Moltke, *Campagne des Russes dans
la Turquie d'Europe en* 1828 *et* 1829.

servant les 10 pièces attachées à chaque régiment.

La garde du Sultan était de 2 régiments, forts de 6,000 hommes.

L'artillerie avait 8 compagnies à cheval, 84 à pied, 2,600 sapeurs, mineurs, bombardiers, 11 compagnies du train.

La cavalerie comptait 10,000 spahis et 3,600 réguliers. Ces derniers formaient 4 régiments à 6 escadrons de 152 chevaux et avaient été organisés par un ancien capitaine des chasseurs à cheval du premier Empire, M. de Colasso, qui servait en Turquie sous le nom de Rustem-Bey. Une partie de cette armée avait été habillée et instruite à l'européenne; mais elle avait une organisation trop récente pour remplacer même le corps des janissaires que le Sultan avait exterminé lors de sa révolte de 1826, et qui, malgré son indiscipline, avait maintenu pendant tant d'années la réputation militaire de la Turquie (1).

---

(1) « A la fin de l'année 1827, j'ai pu mettre en ligne un régiment complet à six escadrons, d'après la formation française, et manœuvrant passablement bien. En 1828, j'avais formé une division de vingt-quatre escadrons que Mahmoud

Il convient d'ajouter à ces forces les irrégu-
liers, non soldés, dont l'effectif s'élevait à près
de 100,000 hommes.

La flotte turque avait été détruite à Navarin
par les forces navales des grandes puissances
maritimes.

L'Empereur et l'Impératrice, accompagnés
du prince d'Orange (1), qui les quitta à Witepsk,
partirent de Saint-Pétersbourg dans la nuit du
7 au 8 mai (2), se dirigeant sur Bender. La
veille, la famille impériale s'était rendue à
l'église de Cazan pour assister aux prières.

---

faisait très souvent évoluer lui-même, sous ma direction, et
parfois en présence du corps diplomatique, qui était invité à
juger des progrès de l'armée. » (*Mémoires d'un vieux soldat*,
par le colonel COLASSO.)

(1) Guillaume II, né à La Haye en 1792, épousa en 1816 la
grande-duchesse Anna Paulowna, sœur de l'empereur Nicolas, fut appelé au trône de Hollande en 1846 par l'abdication
de son père, et mourut en 1849.

« De tous les princes étrangers parents de l'empereur Nicolas, le prince d'Orange avait le plus d'influence sur son
esprit. » (*Note du baron de Bourgoing.*)

(2) « Le départ de l'Empereur pour l'armée est loin de
recevoir l'assentiment général. Personne ne se dissimule les
inconvénients immenses qui peuvent résulter de la présence
d'une tête si précieuse dans un pays si malsain. Mais qui
oserait faire entendre à ce prince les réflexions qui naissent
en foule au sujet d'une telle résolution? Il faut, je crois, s'en
rapporter à sa sagesse, qui ne s'est pas encore démentie. »
(*M. de Fontenay au comte de La Ferronnays.*)

« Cérémonie à la fois grave et touchante. L'Empereur paraissait vivement ému et l'Impératrice mère ne pouvait retenir ses larmes. En sortant de l'église, le peuple, qui était très nombreux sur la place, a poussé un hourra général au moment où il a aperçu l'Empereur (1). »

L'armée russe avait passé le Pruth le 7 mai, sur deux points, sans se heurter à aucune résistance.

*
* *

La mission militaire française, qui attendait à Berlin les nouvelles de la marche du Tzar, prit aussitôt la route de Bender par Varsovie. Dès son arrivée en Pologne, elle fut reçue avec les plus grandes marques de respect ; mais, à son entrée sur le territoire russe, « les attentions furent portées au comble ». Les villes étaient illuminées ; les rues étaient sablées ; les autorités civiles attendaient, en grande tenue, l'ambassadeur auquel les autorités militaires donnaient le mot d'ordre et une garde d'honneur.

---

(1) M. de Fontenay au comte de La Ferronnays.

Le duc de Mortemart arriva à Bender le
12 mai ; il y trouva l'Impératrice, accompagnée
du comte Wolkonsky et du prince de Modène,
et fit exprimer à Sa Majesté son désir de lui présenter les lettres dont l'avait chargé la famille
royale de Prusse (1).

« Sa Majesté me fit dire, écrivait l'ambassadeur dans sa dépêche du 13 mai, qu'Elle ne pouvait recevoir l'ambassadeur de France, mais
qu'Elle verrait avec plaisir M. de Mortemart. Je
fus introduit, sur-le-champ, dans une chambre
de vingt-cinq pieds sur quinze, blanchie à la
chaux, garnie de deux petites tables et de douze
chaises des plus simples. Sa Majesté me reçut
de la manière la plus gracieuse, s'informa des
nouvelles du Roi et de la famille royale avec
beaucoup d'intérêt. Après quelques plaisan-
teries spirituelles sur l'étendue et le luxe de
son appartement, quelques soupirs étouffés sur
le grand voyage de son auguste époux, Sa Majesté
me congédia avec l'air le plus affable. »

---

(1) Alexandra-Fédorowna était la fille de Frédéric-Guil-
laume III, roi de Prusse. Cette princesse, née le 2 juillet 1798,
avait épousé, le 1er juillet 1817, Nicolas 1er ; elle mourut le
20 octobre 1860.

Le Tzar était allé presser le siège de Brahiloff et ne rentra à Bender que le 14. Dès qu'il apprit la présence, dans cette place, de l'ambassadeur de France, il envoya le général de Witt, commandant le 3ᵉ corps d'armée, lui dire que l'Empereur ne pouvait, pour le moment, recevoir l'ambassadeur de France, mais que « le général Romanoff verrait, avec plaisir, le duc de Mortemart (1) ».

La réception eut lieu dans la forteresse où Sa Majesté avait fixé sa demeure.

« Je me rendis auprès de l'Empereur en petite tenue et cordon sur l'habit. Sa Majesté est logée plus mal encore que l'Impératrice. Je fus introduit dans un petit cabinet de huit à neuf pieds carrés, rempli, en partie, par une table couverte de papiers. Comme l'Empereur était debout, je me trouvai subitement si près de lui qu'il m'avait pris la main de la manière la plus affectueuse, presque avant que je l'eusse vu. Après quelques phrases respectueuses et de louanges, telles que je les pense sur ce prince, il me dit :

---

(1) Le duc de Mortemart au comte de La Ferronnays.

« — La connaissance est faite maintenant, n'est-ce pas ? Ainsi, plus de compliments ; pensez du bien de moi, si vous voulez, mais ne m'en parlez pas.....

« Sa Majesté me dit qu'Elle sollicitait mon indulgence pour une partie de son armée que je n'approuve pas. En effet, je la blâmais intérieurement, mais je ne me souviens pas d'en avoir parlé à personne. D'où a-t-Elle pu le savoir? Ce sont les transports.

« — Ils sont immenses, dit l'Empereur, j'en conviens, en voitures de toutes les espèces, mais vous verrez que c'était indispensable dans les pays que nous allons traverser. Il en est de même des tentes dont le soldat ne peut se passer dans ces climats.

« — Sire, répondis-je, si je n'aime pas les bagages, c'est qu'ils retardent les opérations, et que le roi de France voudrait voir votre marche aussi rapide qu'heureuse, convaincu que c'est le plus sûr moyen d'obtenir la paix en permettant à Votre Majesté de sanctionner ses promesses aux yeux de l'Europe, et de compléter sa gloire.....

« L'Empereur termina cette assez longue

conversation pour me dire qu'il me recevrait,
comme Empereur, et avec la pompe convenable, le 30 mai, à Belgrade, sur la route et à
40 verstes (1) d'Ismaïl, où il passerait la revue
du 3° corps, qu'il serait bien aise de me
montrer. Il ajouta des excuses sur la manière
dont il me recevait dans ce moment. Je m'ef-
forçai, au contraire, de témoigner à Sa Majesté
combien j'étais touché d'un accueil si bon, si
flatteur dans sa modestie, tellement que j'aurais
été heureux de Lui remettre mes lettres de
créance dans une semblable circonstance.

« — Les avez-vous? me dit l'Empereur sur-
le-champ.

« — Oui, Sire.

« — Eh bien, remettez-les moi!

« — Sire, je les ai, mais dans mon loge-
ment.

« — Vous n'avez qu'à me les envoyer.

« — Sire, je vais les aller prendre, et les
remettre à Votre Majesté, si Elle daigne le
permettre.

« — Non, je ne le veux pas; envoyez-les par

---

(1) La verste vaut 1,067 mètres.

votre aide de camp à Wolkonsky; il fait mauvais, il est tard; je le veux ainsi. Toutes les
cérémonies sont terminées, vous êtes accrédité,
et, ouvrant la porte, il s'écria : « Madame
« NICOLAS, voilà l'ambassadeur de France que
« je vous présente. » Puis, Leurs Majestés
m'offrirent du thé et me congédièrent, extrêmement satisfait des honneurs et de la pompe
de ma réception.

« Je ne sais si elle est bien dans les règles,
mais j'avoue que je ne la céderais pas pour
la plus belle de celles que j'ai entendu raconter. »

De Bender, le quartier impérial fut porté à
Ismaïl, puis à Salounova, où le corps du général
Rondzewitch devait franchir le Danube, que
l'armée turque semblait disposée à défendre.
Le fleuve, gelé jusqu'au mois de mars, était
débordé par suite de la fonte tardive des neiges
d'Allemagne, et, pour arriver jusqu'au lit na-
vigable, il avait fallu construire, au milieu
des marécages, une digue de plusieurs kilo-
mètres, qui aurait fait honneur aux légions romaines.

Les Turcs avaient élevé des retranchements

sur la rive droite, présentant une chaîne de hauteurs boisées ; leur droite était appuyée à des marais impraticables, leur gauche se trouvait protégée par la forteresse même d'Isaktsha ; au centre, quatre batteries battaient l'endroit du fleuve où devait être lancé un grand pont de 600 mètres, formé de soixante-trois barques et de douze pontons de toile ; telle était la position qu'il fallait enlever, de vive force, avant de pouvoir établir le pont.

Le 26, après avoir donné ses derniers ordres, l'Empereur se rendit au camp des régiments de Tschernigoff et de Poltava, où un *Te Deum* solennel fut chanté pour invoquer la protection divine dans ce moment décisif.

Le 27, à une heure du matin, le Tzar, avec son état-major et les missions étrangères (1), était déjà à l'extrémité de la digue conduisant au Danube. A l'aube du jour, une batterie de vingt-quatre pièces de 12 ouvrait son feu, de

---

(1) Les représentants des puissances attachés au quartier impérial étaient :

Pour l'Autriche, le prince de Hesse-Hombourg, ambassadeur ; le prince de Lobkowitz, le prince de Dietrichstein, le baron de Salis.

Pour l'Angleterre, lord Heytesbury, ambassadeur ; lord

concert avec la flottille, qui avait remonté le fleuve depuis Ismaïl.

Le passage eut lieu à l'aide de barques amenées par une tribu de cosaques émigrée dans la Dobroutcha lors des différends religieux qui éclatèrent sous le règne de l'impératrice Catherine. Ces cosaques *zaporogues* s'étaient déclarés pour l'armée russe, dès son arrivée, bien qu'ils eussent prêté aux Turcs, pendant les dernières guerres, un concours fidèle et utile. Bateliers aussi habiles que courageux, ils transportèrent, avec autant d'audace que de bonheur, sous la mitraille des canons ennemis (1), huit bataillons de chasseurs à pied, quelques pièces,

---

Bingham, devenu lord Lugan. Le capitaine de vaisseau A'Court, frère de lord Heytesbury, était embarqué sur la flotte de la mer Noire.

Pour le Hanovre, le général comte de Dornberg, le comte de Malortie.

Pour le Danemark, le comte de Blome.

Pour la Suède, le baron de Palmstjerna.

Pour la Saxe, le baron de Stein.

Pour la Prusse, le général comte de Nostitz, le comte de Thun, M. Molière, M. de Reitzenstein.

(1) « L'Empereur a nommé colonel et décoré de la croix d'officier de l'ordre de Saint-Georges l'attaman des cosaques zaporogues. Sa Majesté lui a donné, en outre, dix croix de soldats du même ordre à distribuer parmi les siens.

« Dans la soirée du 26, quatre cosaques du Don avaient traversé le Danube en chaloupe, reconnu le point le plus

et les régiments d'infanterie d'Alexopol et de Krementchougue. Les chasseurs marchèrent la baïonnette au canon, presque sans tirer un coup de fusil, sur la plus forte des redoutes destinées à balayer le fleuve. Les Turcs ne purent résister à l'impétuosité de cette attaque; ils se retirèrent dans Isaktsha, abandonnant seize canons, plusieurs mortiers et obusiers. Les pertes des Russes avaient été peu considérables, comparativement aux difficultés qu'ils avaient à surmonter. Le duc de Mortemart rendit compte de cette opération, par sa dépêche du 29, au comte de La Ferronnays :

« ..... Dans le bulletin officiel qui contient le récit du passage du Danube, les Russes, loin d'exagérer leurs succès et leurs trophées, ont même, par erreur, diminué le nombre des bouches à feu enlevées à l'ennemi : 20 pièces, au lieu de 15 annoncées, ont été le fruit de cette journée.....

« Pendant l'action du 27 mai, l'Empereur

---

favorable au débarquement et passé la nuit sur la rive turque. Pour récompenser un trait de bravoure aussi éclatant, l'Empereur leur a pareillement conféré la croix de soldat de Saint-Georges et les a fait passer dans sa Garde. » (*Bulletin officiel* du 27 mai/9 juin 1828.)

qui, d'un point élevé du rivage, observait et dirigeait tous les mouvements, a distinctement aperçu sur la rive opposée, au moyen d'une lunette de campagne, un officier vêtu à l'européenne. Un chapeau militaire le faisait distinguer des cavaliers portant le turban et qui semblaient prendre ses conseils. Les Russes, une fois maîtres de la position de leurs adversaires, ont trouvé des preuves évidentes du secours que leur ont prêté, dans cette circonstance, l'expérience et les lumières de quelque transfuge européen; les ouvrages, établis en peu de temps pour défendre le passage indiqué par les travaux préparatoires des Russes, étaient bien combinés et bien construits. Nos officiers ont pu reconnaître que des mains habiles avaient tracé les redoutes et les épaulements que les Turcs ont espéré vainement pouvoir leur servir d'abris. L'artillerie qui, au dire des officiers instruits par l'expérience de la dernière guerre, tirait avec plus de précision, obéissait sans doute également à une direction étrangère.....

« Aujourd'hui, deux régiments cosaques ont franchi le Danube pour rejoindre les troupes qui ont successivement effectué ce passage. Les chevaux ont fait ce long trajet à la nage; ils étaient soutenus et conduits par leurs cavaliers, placés dans les barques. Le pont, sur lequel le reste de l'armée et l'état-major général doivent passer d'ici quelques jours, ne commence réellement qu'à environ 4 verstes 1/2 de la partie solide et praticable du rivage. Ces 2,800 toises de marais ont été comblées et affermies par environ 10,000 hommes occupés depuis un mois à ce travail difficile. L'impossibilité de parvenir à travers ce marais, souvent profond de 6 à 7 pieds, avec des chariots ou des brouettes, a obligé de faire construire la chaussée au moyen de fascines et de sacs à terre portés par des soldats. Ces fascines, vu le manque absolu de bois, ont été faites en roseaux. L'ensemble de l'ouvrage offre une solidité suffisante.

« ..... De la plaine où nous sommes campés aujourd'hui, on apercevait hier la fumée des faubourgs de la petite ville fortifiée d'Isaktsha, que les Turcs ont incendiés en se retirant.

« ..... Ce matin, avant le jour, la flottille russe a attaqué celle des Turcs, réfugiée sous les murs de Brahiloff ; 24 pièces de la place joignaient leur feu à celui des canonnières turques, mais la valeur des marins russes a triomphé des obstacles. Après une vive canonnade de plusieurs heures, que nous entendions distinctement du camp de Satounova, les Russes s'emparèrent de 12 canonnières ; le pacha qui commandait la flottille fut lui-même fait prisonnier.

« M. Henry de La Rochejaquelein qui, en sa qualité de volontaire, a été placé à l'avant-garde de l'armée russe, s'est distingué au passage du Danube et à la forte reconnaissance qui fut poussée, le lendemain, sous les murs d'Isaktsha. Le général russe sous les ordres duquel il sert s'est empressé de me rendre ce témoignage.

« Je viens de rencontrer, à l'instant, les dix-huit drapeaux de la garnison qui ont traversé le camp, portés par des cosaques de la Garde. Peu de temps après, j'ai vu l'Empereur, auquel j'ai pu adresser mes félicitations. »

MM. de Crussol, de La Ferronnays (1) et de

---

(1) *La Ferronnays* (Charles-Marie-Auguste de), né le 2 juin 1805, à Brunswick (Allemagne).

Page du roi Louis XVIII le 1er janvier 1823 ;

3.

Fitz-James (1) furent aussi désignés pour suivre
les corps de cavalerie formant l'avant-garde de
l'armée. Le duc de Mortemart, dont la qualité
d'ancien officier d'ordonnance de Napoléon était
un titre à l'affection de l'Empereur, resta
attaché au quartier impérial. Son expérience
pratique et son instruction militaire offraient

Sous-lieutenant aux chasseurs de l'Ariège (4e de l'arme) le
23 janvier 1825;

Attaché à l'ambassade extraordinaire de Russie le 30 mars
1828;

A fait, comme volontaire, la campagne des Balkans;

Rentré en France en 1829;

Lieutenant le 27 décembre 1830;

A pris part au siège d'Anvers;

Réformé sans traitement, sur sa demande, le 20 avril 1831.

(1) *Fitz-James* (Henry-Charles-François de), fils d'Edouard et
d'Elisabeth-Alexandrine Delatouche, né à Paris le 7 mars 1805.

Elève à l'Ecole militaire de Saint-Cyr le 9 novembre 1820;

Nommé sous-lieutenant à la suite du 19e régiment de chasseurs à cheval le 16 octobre 1822;

Mis à pied le 17 janvier 1823;

A pris part à la guerre d'Espagne et a été fait chevalier de
la Légion d'honneur pour s'être distingué pendant la campagne, le 17 octobre 1823;

Passé au régiment de dragons de la Garde royale le
21 avril 1824;

Congé d'un an pour se rendre auprès de l'ambassadeur de
France en Russie, le 2 juillet 1828;

A pris part à la campagne des Balkans;

Lieutenant au 1er régiment de carabiniers le 4 juillet 1830;

Démissionnaire pour se dégager du serment de fidélité
qu'il a prêté au roi Louis-Philippe, le 25 février 1832.

(*Arch. adm. min. Guerre.*)

un intérêt tout particulier aux entretiens qu'il avait avec un souverain très entendu lui-même dans la science de la guerre.

« Le 2 juin, écrivait l'ambassadeur au comte de La Ferronnays, nous avons passé le Danube sur le pont de bateaux, solidement construit, établi sur la rive gauche du fleuve.

« ..... Les corps détachés, aujourd'hui disponibles, vont se diriger sur le point que nous occupons en arrière des anciennes lignes fortifiées, improprement appelées retranchement de Trajan. L'Empereur restera probablement quelques jours au camp de Karataï, afin de concentrer ses forces avant de poursuivre sa marche. »

Après six étapes au delà du Danube, l'armée russe s'était, en effet, arrêtée, d'abord pour donner à la Garde impériale le temps de rejoindre; en second lieu, pour attendre la prise de Brahiloff, forteresse du bas Danube, qu'on ne pouvait laisser derrière soi au moment de pénétrer plus avant dans l'Empire ottoman. Le camp impérial fut établi le 7, au pied des anciens remparts de Trajan, ouvrage que les Romains avaient laissé comme un éternel monument de leur séjour dans ces contrées, et dont le baron de Bourgoing nous donne la description :

« Il consiste en une ligne de plus de quinze lieues de longueur, allant d'Occident en Orient, depuis un coude que fait le Danube en retournant vers le nord, jusqu'au rivage de la mer Noire. Ce rempart de terre, bien qu'un peu défiguré par des affaissements séculaires, est encore visible dans toute son étendue. On distingue la longue ligne verte de ses talus, se perdant à l'horizon en suivant les ondulations des collines qui interrompent sur ce point les plaines humides de la Dobroutcha. On remarque, à certains endroits de ce rempart élevé par le vainqueur de Décébale, pour arrêter les irruptions des Daces et des autres barbares, des ouvertures pour le passage des légions romaines. Au midi, en dedans du rempart, se voient encore les redoutes carrées, destinées à la garde de ces portes. »

Le duc de Mortemart envoya, de ce camp, sa dépêche du 8 juin :

« L'Empereur et son quartier général ont quitté le camp de Babadag le 3 et continué à suivre, par Beïdaout et Tachaoul, le mouvement du corps d'armée du général Rondzewitch jusqu'à l'ancien rempart de Trajan. C'est au pied de ce rempart que se trouve maintenant le camp de Sa Majesté et que les troupes du général Rondzewitch ont pris position pour attendre que les corps qui occupent les principautés et les détachements qui ont occupé la rive droite du Danube puissent se concentrer et coordonner leurs mouvements avec ceux que nous serons dans le cas d'entreprendre.

« Dans notre marche de Babadag au rempart, nous n'avons pas rencontré l'ennemi. Il n'a été aperçu que sous les murs mêmes de Kustendjé, ville que les Turcs ont fortifiée avec beaucoup de soin et devant laquelle l'avant-garde, aux ordres du général Rudiger, est arrivée dès le 4.

« Le 5 et le 6, elle a eu quelques escarmouches avec les Turcs qui, répandus en tirailleurs sur les mamelons environnant Kustendjé et protégés par le canon de la place, ont essayé de repousser nos postes. Leurs efforts ont été inutiles. Le 7, le général Rudiger a établi, sans opposition, ses premières batteries contre la place. Le même jour, l'Empereur les a visitées en personne. En revenant de Kustendjé, Sa

Majesté a reçu des nouvelles affligeantes de Brahiloff.

« Les travaux du siège avaient avancé au point qu'il ne restait qu'à ouvrir une brèche dans la place. A cet effet, trois mines furent pratiquées sous les remparts. Celles de droite et de gauche devaient renverser l'escarpe en deux endroits ; la mine du milieu, formée par un globe de compression, était principalement destinée à combler le fossé au moyen des terres qu'elle y jetterait et à faciliter ainsi l'accès des brèches. Il fut décidé que le 3 juin, à 9 heures du matin, et au départ de la dernière de trois fusées qui devaient être lancées l'une après l'autre, le feu serait mis simultanément à toutes les mines. Aussitôt après leur explosion, nos troupes devaient marcher sur les deux brèches et monter à l'assaut. Dans ce dessein, elles furent partagées en deux colonnes, chacune sur deux échelons, de manière à se soutenir réciproquement. Les deux brèches une fois occupées, un des échelons devait couronner le rempart, deux autres pénétrer dans l'intérieur de la place, et le quatrième servir de réserve. Le 3, à l'heure fixée, toutes les dispositions d'attaque étaient accomplies, mais la mine de droite fut allumée au départ de la seconde fusée, deux minutes avant le moment convenu. Son explosion prématurée ensevelit l'officier qui devait mettre le feu à la mine intermédiaire, laquelle ne joua point. Celle de gauche creva à la troisième fusée; au milieu des tourbillons de terre et de fumée qui s'élevèrent de toutes parts, il ne fut pas possible de distinguer qu'aucune des brèches n'était praticable. Cependant, nos colonnes s'élancèrent à l'assaut. Tous les généraux et tous les officiers étaient à leur tête avec les volontaires, qui s'étaient offerts à monter les premiers sur les remparts. Ceux de droite, au nombre de cent vingt, se précipitèrent dans le fossé et, à l'aide des terres que la mine avait renversées, ils réussirent à escalader le rempart par les embrasures; ne pouvant être soutenus, ils y trouvèrent tous la mort, à l'exception d'un bas officier, qui se jeta dans le Danube. A gauche, les mêmes obstacles se présentèrent. Vainement, nos troupes essayèrent de triompher des insurmontables difficultés qui s'opposaient au succès de leur entreprise; vainement aussi, animées par la présence du grand-duc Michel qui diri-

geait leurs mouvements, les généraux et les
officiers leur donnèrent l'exemple d'un courage
héroïque et bravèrent les premiers le feu de la
place. On ne tarda pas à reconnaître que l'assaut
ne pouvait réussir; la retraite fut ordonnée. Le
régiment de Cazan occupa le front le plus
avancé de nos travaux, tandis que les colonnes
qui étaient descendues dans les fossés de la
place se retiraient par les sapes de communication jusqu'à la troisième parallèle et à leurs
positions antérieures, non sans subir des pertes
considérables, car le feu des Turcs, qui avaient
remplacé leurs pièces de position démontées
par des pièces de campagne, était aussi vif que
bien dirigé. Ils le redoublèrent quand ils virent
nos troupes s'éloigner et, voulant profiter du
premier succès pour détruire nos travaux, ils
firent six sorties consécutives contre le régiment de Cazan qui, néanmoins, les repoussa
toutes. A 11 h. 1/2, nos troupes occupaient les
positions où elles s'étaient trouvées avant l'assaut; malgré ses attaques réitérées, l'ennemi
n'avait réussi ni à enlever, ni à endommager
aucun de nos ouvrages.

« Le lendemain 4, la mine qui n'avait pu

jouer la veille fut allumée par ordre de Mgr le grand-duc Michel, et, dès le 5, des parlementaires turcs se présentèrent devant Son Altesse Impériale ; ils demandaient un armistice de dix jours, déclarant que, si au bout de ce temps la place n'était pas secourue, elle se rendrait. Le grand-duc ne leur donna, pour se rendre, qu'une suspension d'armes de vingt-quatre heures, qu'ils acceptèrent. Nous attendons avec une vive impatience des nouvelles du moment où cette trêve expire..... »

Brahiloff se rendit après les vingt-quatre heures accordées. En même temps, l'Empereur apprenait la reddition de Matchin. La prise de ces deux places faisait tomber entre les mains des Russes plus de 300 pièces de canon, des approvisionnements considérables en poudre, blé, orge, et tous les bâtiments de la flottille qui avaient échappé au combat du 28 sur le Danube.

« Le soir, toute l'armée, en grande tenue, était rangée autour d'un autel où se chanta un *Te Deum* en actions de grâces. Le ciel était orageux ; on entendait gronder dans le lointain le canon battant en brèche les murs de Kustendjé ; les salves d'artillerie retentissaient dans la steppe ; les musiques des régiments répétaient l'hymne impérial, pendant que des milliers d'hommes écoutaient, dans un profond recueillement, le chant si beau des chœurs russes. La richesse des habits sacerdotaux, la pompe du culte grec, l'attitude si noble de l'Empereur à la tête de l'état-major, ce désert turc transformé en temple chrétien, ayant pour voûte un ciel plein d'éclairs et de tonnerre, tout cela avait quelque chose de grandiose dont l'expression ne saurait s'exprimer (1). »

Peu de jours après, le port de Kustendjé, vivement canonné par le général Rudiger, était emporté d'assaut par le régiment « Duc de Wellington », et le Tzar recevait les clefs de la ville d'Hirsova. La plupart des pièces garnissant les remparts de ces deux places étaient des canons anglais marqués au chiffre du Roi : G. R. Par une de ces bizarreries si fréquentes dans l'histoire de l'alliance des peuples, les cadeaux du roi d'Angleterre avaient donc servi

---

(1) *Quelques souvenirs d'une campagne en Turquie,* par le comte de Béarn.

contre le régiment dont le duc de Wellington était le chef honoraire (1).

« La possession des places de Brahiloff et de Matchin », écrivait le duc de Mortemart, le 25 juin, du camp de Karassou (2), « procurait déjà aux Russes un second point de passage sur le Danube. Ils vont se hâter de l'utiliser en

---

(1) Voici à quelle occasion le corps russe, qui s'appelait le régiment de Smolensk, changea son nom contre celui de Duc de Wellington. Le ministère Canning envoya, en 1826, à Saint-Pétersbourg, en ambassade extraordinaire, le duc de Wellington à l'occasion des obsèques d'Alexandre Ier et du couronnement de Nicolas Ier. Sous prétexte de complimenter le nouveau Tzar, le duc devait, en réalité, traiter avec lui des affaires d'Orient. Wellington fut reçu avec les honneurs dus à une tête couronnée plutôt qu'à un ambassadeur. La veille de son départ, le Tzar l'invita à passer la revue de la garnison de Saint-Pétersbourg. Wellington faisant part à l'Empereur de son admiration pour un des régiments qui défilaient, en demanda le nom.

— C'est le régiment du duc de Wellington, répondit Nicolas.

— Depuis quand, Sire?

— Depuis qu'il a eu l'honneur d'être passé en revue par vous.

Le régiment de Smolensk porta le nom de son chef honoraire jusqu'au 14 septembre 1852, date de la mort de Wellington. Le duc avait le grade de feld-maréchal russe, et son portrait figure, à ce titre, dans une des salles du palais impérial.

(2) Karassou signifie, en langue turque, *eau noire*. L'eau des deux petits lacs à proximité desquels étaient dressées les tentes impériales était absolument noire.

établissant une ligne de communication avec la Valachie, en attendant que la suite des opérations et la prise ou le blocus des places situées plus haut sur le fleuve permettent de faire arriver directement aux diverses colonnes les ressources dont les principautés abondent. Les Turcs n'occupent plus, dans la partie septentrionale de la Bulgarie, que la forteresse de Toultcha, en regard d'Ismaïl ; cette petite place est sous les ordres d'un chef connu par son courage et son habileté, mais elle n'a plus, dit-on, de vivres que pour peu de temps.

« Nous allons maintenant sortir de cette presqu'île comprise entre le dernier coude du Danube, la mer Noire et le rempart de Trajan. La base des opérations va s'élargir ; l'on n'attend plus, pour se porter en avant, que l'arrivée des corps qui avaient été employés aux sièges des places actuellement au pouvoir des Russes.....

« ..... M. de Bourgoing sera envoyé en mission auprès du général Roth, commandant l'aile droite de l'armée, afin de suivre les opérations de ce corps devant Silistrie, et M. de Crussol servira auprès du général Rudiger, dont la brigade forme la gauche du camp de l'Empereur..... »

Le comte de Crussol (1) fut attaché au régiment d'Orange.

Les Turcs avaient réuni des forces assez considérables devant Bazardjick, ville ouverte mais défendable. Lorsque l'avant-garde russe arriva, le 30 juin, en vue de la ville, elle eut un engagement sérieux où M. de Crussol se distingua d'une façon toute particulière « et montra un sang-froid, une vigueur, qui étonnèrent les vieux hussards. Il soutint dignement la réputation des officiers français dans le camp,

---

(1) *Crussol d'Uzès* (Armand-Géraud-Victurnien-Jacques-Emmanuel de), fils d'Adrien-François-Emmanuel et de Catherine-Victurnienne-Victorine de Rochechouart de Mortemart, né à Paris le 8 janvier 1808.

Elève à l'Ecole spéciale militaire de Saint-Cyr le 29 novembre 1824;

Sous-lieutenant à l'Ecole d'application de l'état-major le 1er octobre 1826;

A pris part, en 1828, à la campagne des Balkans;

Ordre de Sainte-Anne de Russie (4e classe) le 4 novembre 1828;

Chevalier de la Légion d'honneur le 14 décembre 1828;

Décoré de la médaille accordée par l'empereur de Russie à l'occasion de la guerre de Turquie;

Placé comme sous-lieutenant à la suite du 12e régiment de dragons le 29 janvier 1829;

Mis en non-activité avec solde de congé le 25 octobre 1830. *Arch. adm. min. Guerre.*)

où sa conduite est appréciée et a produit le
meilleur effet »... Il rendit compte de cette
affaire dans le rapport suivant, adressé au duc
de Mortemart :

« Mon général, je veux vous donner sur le
combat d'hier tous les détails que j'ai vus de
mes propres yeux. Les Turcs, que nous suivions
de près, s'étaient montrés en retraite, à 10 ou
12 verstes de l'endroit où nous devions cam-
per. Le général Rudiger, accompagné de six
escadrons, dont deux du régiment d'Orange
et quatre d'Aktirky, se porta en avant pour
examiner leur marche et leur nombre : il
s'arrêta à un *courgan* — sorte de tumulus —
d'où on ne pouvait voir l'ennemi, mais il
envoya les deux escadrons d'Orange pour ne
pas le perdre de vue. Les tirailleurs du régiment poussèrent les Turcs jusque dans une
petite vallée qui environnait notre position de
trois côtés; alors, je demandai au général la
permission d'aller voir ce qui se passait. Les
Turcs tiraillaient avec les nôtres et se retiraient
doucement; je me passai le plaisir de tirer
quelques coups de pistolet et j'eus l'agrément
d'entendre siffler à mes oreilles les balles que

me valait, je crois, mon uniforme doré au
milieu des hussards. Ce fut alors que nous
vîmes s'avancer trois énormes lignes de cavalerie. Les tirailleurs turcs enhardis se serrèrent
et forcèrent les nôtres à se replier sur les escadrons. Ce fut dans ce moment que nous chargeâmes avec le premier escadron; mais les
Turcs, établis aux trois quarts de la côte, qui
était fort raide, nous reçurent à vingt pas par
une décharge de coups de fusil, de carabine, de
pistolet. L'escadron tourna bride. Réunis au
second, nous chargeâmes de nouveau avec aussi
peu de succès et nous battîmes en retraite.
C'est alors que, voulant rejoindre le général, je
trouvai notre droite et notre gauche tournées, et
le général Rudiger se dirigeant au galop, avec
ses deux pièces d'artillerie, vers le seul passage
qui nous restait. Là, se reformèrent nos escadrons, mais la masse principale de cavalerie
turque étant arrivée, et, après trois charges
successives de notre part, nous fûmes ramenés
l'espace d'environ 4 à 5 verstes. Nous trouvâmes alors le régiment d'Aktirky et nos deux
pièces. Deux décharges à mitraille et une
attaque bien conduite de ce régiment arrêtèrent

les Turcs; la journée en resta là. Nous prîmes position, les Turcs en firent autant. A la nuit, ils se replièrent. Je vous dirai, pour mon compte particulier, que, un peu avant d'arriver au régiment d'Aktirky, mon cheval noir, qui était éreinté, n'a plus voulu aller; heureusement qu'alors le régiment a chargé : j'ai mené boire mon cheval et il a pu finir ma journée.

« Je n'ai jamais vu la guerre; mais, d'après ce que j'en ai lu, je crois pouvoir dire que nous avons eu une affaire de cavalerie très chaude. Les Turcs avaient, d'après deux prisonniers qu'on a faits, environ 8,000 hommes de cavalerie, sans artillerie ni infanterie. Nous avons engagé, en tout, 1,200 à 1,500 hommes de cavalerie et deux pièces. Notre perte s'élève à environ 80 hommes tués ou disparus, sans compter les blessés; nous n'avons aucun officier de mort, mais plusieurs sont blessés et deux malheureux junker (1) sont tués. La seule division d'Orange, avec laquelle j'ai chargé, a perdu 48 hommes.

« Adieu, mon général, excusez ce griffon-

---

(1) Sous-officiers nobles.

nage, mais j'écris sur mes genoux avec une plume mal taillée. »

* *
*

Dès que l'Empereur eut renforcé son faible corps d'armée avec les troupes qui, occupées aux sièges de Moutshin, Hirsova, Tulcza, etc..., étaient devenues disponibles par la prise de ces forteresses, il marcha contre Hussein-Pacha, dont l'avant-garde fut refoulée à Bazardjick, et arriva devant Choumla. Cette ville avait servi de refuge aux armées turques dans les guerres précédentes. Hussein, imitant l'exemple de ses prédécesseurs, avait réuni 40,000 hommes dans la place où il avait résolu de se défendre. La situation de Choumla s'y prêtait à merveille : bloquer la ville était presque impossible, à cause de la vaste étendue du groupe de montagnes sur le versant desquelles elle était construite; 2 lieues de retranchements bastionnés l'entouraient; elle était à l'abri d'un bombardement; enfin, la crête de la colline qui la dominait était hérissée de défenses formidables (1).

_____

(1) « Choumla proprement dit n'est pas la ville de Choumla, mais bien le plateau au pied duquel la ville est bâtie. Ce

Le siège régulier n'était guère plus possible que le blocus — et le général turc le savait :

1° Parce que la moitié du parc employé à Brahiloff était hors de service;

2° Parce que, en dirigeant l'attaque sur la ville basse et en y faisant brèche, on n'y gagnait rien, car il fallait emporter, à la baïonnette, chaque rue d'une ville bâtie en gradins, dominée par une ligne de retranchements, défendue par des hommes dont l'opiniâtreté, derrière un rempart, était légendaire.

Si l'empereur Nicolas échouait dans une pareille attaque, il était obligé de repasser le Danube, il compromettait les premiers succès

---

plateau a près de 10 lieues de tour; il est très élevé; les pentes d'accès sont presque partout à pic; les gorges qui y conduisent sont fermées par des ouvrages; l'aspect du front de la position présente à peu près l'aspect d'un fer à cheval. La ville se trouve au centre et est dominée par des hauteurs auxquelles elle est adossée. Les flancs du front de la position sont deux montagnes tenant au plateau où sont les deux camps retranchés. Le siège de Choumla est reconnu impossible; le blocus n'est réellement praticable qu'avec un grand nombre de troupes, à cause de la circonférence énorme de la position. Il n'y a donc que l'attaque de vive force qui puisse se faire ou l'observation simple. » (*Réponse aux Observations d'un officier d'état-major russe sur la dernière campagne de Turquie*, par V. Magnier, officier d'état-major français, etc.)

de la campagne et retardait, pour longtemps,
la paix qu'il désirait ardemment.

« Il convenait donc d'observer Choumla afin
de paralyser l'armée d'Hussein-Pacha, de s'occuper du siège de Varna, de former celui de
Silistrie, d'attendre le corps de Tcherbatoff et
la Garde, qui n'avaient pas encore rejoint.

« Tel était le parti que dictait la raison ; tel
fut aussi celui auquel l'Empereur s'arrêta (1). »

Dans la marche sur Choumla, quelques
membres de la mission française eurent, avec
des partisans turcs, une escarmouche qui fit le
plus grand honneur à nos officiers :

L'ambassadeur, MM. de Mortemart, de Béarn,
de Crussol chevauchaient tranquillement, suivis de leurs ordonnances, cosaques de la Garde,
et séparés du gros de la colonne ; au sortir d'un
bois, ce groupe vit apparaître, à quelques cen-
taines de mètres, un nombre considérable de
turbans. En pareille occasion, il n'y avait qu'un
parti à prendre : marcher de l'avant, en se sou-
venant qu'une troupe à cheval ne trouve sa

---

(1) *Observations sur la dernière campagne de Turquie*, par
un officier d'état-major russe.

force que dans son courage agressif et dans
l'impétuosité de son élan. Le duc de Mortemart
décida sur-le-champ qu'il fallait charger. Les
quatre officiers mirent le sabre à la main; les
lances des cosaques furent mises en arrêt et les
cavaliers partirent au galop. Les Turcs, persua-
dés que cette troupe si audacieuse ne pouvait
être que l'avant-garde d'un détachement nombreux, se retirèrent après l'échange de quelques
coups de sabre et de pistolet, et, lorsque des
hussards attirés par les coups de feu accou-
rurent au secours de l'ambassadeur, les musulmans avaient disparu.

Dans l'un des combats d'avant-garde, M. de
La Rochejaquelein (1) avait reçu d'un colonel,
auquel il apportait l'ordre de charger, cette

------

(1) *Larochejaquelein* (Henry-Auguste-Georges de), marié en
1830 à Marie-Thérèse-Joséphine-Adélaïde Chartier de Cous-
saye.

Entré à l'Ecole royale militaire de Saint-Cyr le 8 octo-
bre 1821;
Page de Louis XVIII le 28 août 1823;
Sous-lieutenant aux chasseurs de la Sarthe;
Passé au 1er régiment de grenadiers à cheval de la Garde
royale le 30 mars 1828;
Congé d'un an pour se rendre en Russie, où il sera auto-
risé à servir comme volontaire, le 30 mars 1828;
Démissionnaire le 22 août 1830. (*Arch. adm. min. Guerre.*)

réponse qui lui rappela les paroles adressées
jadis par son oncle aux soldats vendéens :

« Veuillez charger avec nous, Monsieur ;
quand vous avancerez, nous vous suivrons ; si
vous mourez, nous vous vengerons. »

*
* *

C'est du camp, devant Choumla, que le duc
de Mortemart envoya sa dépêche du 12 juillet,
dans laquelle il rendait compte du combat du 8,
où avait été confirmée la supériorité de l'infanterie russe sur les masses tumultueuses de la
cavalerie ennemie ; dans ce même rapport, il
cite encore, avec éloge, les noms de MM. de
La Rochejaquelein et de Crussol :

« J'ai l'honneur de rendre compte à Votre
Excellence que nous avons, de nouveau, rencontré l'ennemi et que l'armée russe a obtenu
un succès complet dans l'affaire qui a eu lieu
le 8 du courant.

« Avant notre départ de Bazardjick, les rapports avaient appris que les Turcs montraient
à Kustendjé un corps de 7,000 à 8,000 chevaux.
L'avant-garde russe, composée d'une division d'infanterie et de seize escadrons de hus-

sards du général Rudiger, les chassa de cette position qui fut défendue avec assez d'intelligence. L'affaire s'est terminée, de part et d'autre, sans une perte considérable, et nous a rendus maîtres du terrain. L'avant-garde continua à repousser les Turcs, de position en position, jusqu'à Jeny-Bazar, petite ville à 15 verstes de Choumla, d'où l'on découvrait l'ensemble des forces ennemies.

« Pendant ces opérations, le général comte Benkendorff fut détaché de Kustendjé, avec trois bataillons et une centaine de cosaques, pour marcher sur Pravadi ; il l'occupa sans une grande résistance de la part des Turcs et s'empara d'un convoi considérable.

« L'Empereur, à la tête du gros de son armée, quitta Bazardjick le 5, de grand matin, et, en trois jours de marche, nous avons rejoint l'avant-garde. La journée du 7 fut consacrée au repos des troupes et aux soins qu'exigeait l'apprêt des armes. Le soir, une ligne étendue de feux couronnait les hauteurs des Balkans, en arrière de Choumla ; d'autres feux, en avant de la place, annonçaient la présence de forces imposantes.

« Le 8, au point du jour, la gauche de
l'armée, sous les ordres du major général comte
Diebitch (1), composée de vingt-quatre bataillons du 7e corps (général Voinoff), de quelques
pionniers, des quatre escadrons du régiment de
hussards d'Orange, d'environ quatre-vingts
pièces d'artillerie, se mit en mouvement. En
sortant de son camp, ce corps se forma, en avant
et à gauche de Jeny-Bazar, sur deux colonnes
qui longèrent le pied des montagnes escarpées
fermant la vallée de ce côté. Il marcha ainsi,
sans éprouver de résistance, mais avec quelque

---

(1) Diebitch-Zabalkansky (Charles-Jean-Frédéric-Antoine
comte), né à Grosslyss (Silésie) en 1785, mort à Pultusk, le
9 juin 1831. Il était fils d'un aide de camp de Frédéric II. Il
fut chef d'état-major de Wittgenstein en 1812, de Barclay de
Tolly en 1813. Pendant la deuxième campagne des Balkans,
en 1829, il remplaça le maréchal Wittgenstein, s'empara
d'Andrinople et, à la conclusion de la paix, signée le 15 septembre 1829, reçut le bâton de maréchal et le titre de Zabal-
kansky qui, traduit littéralement, signifie Transbalkanien, et
rappelait les victoires du maréchal au delà des Balkans,
en 1829.

Le maréchal Diebitch était d'un caractère si violent, qui se
manifestait dans l'habitude de la vie et dans le service militaire par de si bruyants éclats, que ses subordonnés, faisant
allusion à la rondeur de sa taille courte, replète, ramassée,
autant qu'à ses colères habituelles, l'avaient surnommé, en
langue russe, le feld-maréchal *Samovare*, c'est-à-dire le feld-
maréchal *Bouilloire*.

lenteur, à cause des nombreux ravins sillon-
nant la grande vallée qui, de Jeny-Bazar, va
toujours s'élargissant jusqu'à Choumla. Après
avoir fait environ 5 verstes, le corps de gauche,
ayant franchi le plus fort des ravins dont on
vient de parler, put lier sa droite avec la division Bartholomée, du 3e corps de Rondzewitch,
lequel, sous les ordres de l'Empereur, formait
le centre de l'armée. La gauche, toujours formée en deux colonnes serrées par divisions,
l'artillerie entre les colonnes, les quatre escadrons de hussards en réserve et quelques
cosaques l'éclairant, continua sa marche en
s'élevant insensiblement vers une hauteur où
les Turcs montraient de la cavalerie; cette cavalerie se retira bientôt et la gauche occupa la position. Le centre qui, par ordre, refusait ainsi
que la droite, arriva peu d'instants après, formé
en carrés par bataillons se flanquant mutuelle-
ment; il se mit en ligne dans le même ordre,
avec l'artillerie dans les intervalles.

« L'extrême droite de l'armée était couverte
par 12 escadrons de hussards et 16 de chasseurs,
indépendamment de 1,500 à 1,800 cosaques.
Cette droite, qui ne s'appuyait à rien, avait

à redouter toutes les entreprises de la cavalerie turque. L'ennemi en montrait deux lignes déployées sur le penchant du coteau qu'il occupait à 500 verstes en avant de Choumla. Le sommet de ce même coteau était couronné par de l'artillerie et des masses, au centre desquelles on voyait la tente du général en chef.

« L'Empereur ayant reconnu la position en personne, donna l'ordre au général Diebitch de continuer son mouvement en se prolongeant par sa gauche, de manière à tourner l'ennemi par sa droite. L'infanterie russe, fatiguée, accablée par un soleil brûlant qui faisait monter le mercure à 44 degrés, exécuta ce mouvement avec une vitesse, une précision remarquables. Vers une heure, la gauche aborda la droite des Turcs et les culbuta sans s'arrêter, malgré les démonstrations de la cavalerie et le feu très vif de l'artillerie. Dans cette attaque, le général Read, aide de camp de l'Empereur, fut malheureusement tué (1).

____

(1) La veille de la bataille, le colonel Read avait annoncé que le premier boulet turc serait pour lui ; il avait mis ordre

« Les hussards d'Orange soutenaient seuls cette attaque avec leurs quatre escadrons et firent la meilleure contenance. MM. de La Rochejaquelein et de Crussol étaient avec eux et s'y montrèrent dignement. Le général comte de Langeron, qui suivait ces mouvements, et le général Rudiger, commandant les hussards, m'ont fait le plus grand éloge du comte de Crussol. Pendant ce temps, le centre, sous

---

à ses affaires et donné un souvenir à chacun de ses camarades.

Le comte de Béarn raconte la mort du colonel russe dans ses *Souvenirs d'une campagne en Turquie* : « Read, revenant de porter un ordre, nous rencontra, le duc de Mortemart et moi. Je le plaisantai sur ses pressentiments de la veille.

« — Nous ne faisons que commencer, me dit-il. Les bons boulets nous attendent là-bas !

« Nous partageâmes quelques gouttes d'eau qui restaient au fond d'un bidon et piquâmes chacun dans une direction différente. Envoyés en reconnaissance, Henry de La Rochejaquelein et moi, nous eûmes les honneurs d'une salve de plusieurs boulets dont nous ne sentîmes que le vent et le sifflement. Nous pensâmes alors que nous aurions presque pu, l'un ou l'autre, prendre pour notre propre compte le pressentiment de Read ; mais, en revenant pour faire notre rapport à l'ambassadeur, nous rencontrâmes ce malheureux officier porté par des soldats. Un boulet venait de le frapper dans la poitrine. »

Le corps du colonel fut enterré au pied d'un arbre, au bord de la rivière, et l'on eut soin, toutefois, qu'aucun signe extérieur n'indiquât cette tombe, dans la crainte qu'elle ne fût, un jour, profanée par les Turcs.

Rondzewitch, passait le ruisseau du ravin qui le séparait de la position turque et attaquait dans la même formation, en carrés par bataillons.

« L'affaire devint alors générale. La cavalerie ennemie, cherchant à tourner notre droite par le fond du ravin que cette même droite n'avait pas encore pu franchir, se trouva, un moment, amoncelée dans le fond du ravin, sous notre artillerie légère, mais à l'abri de son feu, à cause de l'escarpement du terrain. Ce mouvement, que j'avais parfaitement suivi, mettait la cavalerie turque dans la plus fausse position. Dans l'espoir d'en profiter, je fus en rendre compte à l'Empereur, chargeant MM. de Mortemart et de Béarn de continuer à observer cette troupe et de prévenir Sa Majesté si je ne venais pas les rejoindre. L'Empereur était loin vers la gauche, séparé par plusieurs ravins, et l'infanterie de réserve se trouvait encore à 2 ou 3 verstes. Le bataillon que j'aurais désiré pour exterminer cette cavalerie, du haut des rochers, n'était pas sous la main. Le général turc vit probablement la situation, car il démasqua, d'un petit bois, une batterie qui engagea un feu très vif avec notre artillerie légère.

MM. de Mortemart et de Béarn (1) restèrent
sous la mitraille pour exécuter mes ordres ;
leur sang-froid fut admiré par les cosaques, et
je n'ai que des louanges à donner à toute leur
conduite.

« Cependant, le feu de l'artillerie se soute-
nait ; la cavalerie turque, pour l'éviter, longea
le ravin vers notre droite et rencontra les hus-

---

(1) Entré au bureau des attachés des Affaires étrangères en
décembre 1826, le *comte de Béarn* fut envoyé, comme attaché
d'ambassade, à Saint-Pétersbourg, le 23 mars 1828. Troisième
secrétaire le 8 janvier 1831, second le 9 juin de la même année, il passa à Naples, comme premier secrétaire, le 14 juillet 1834. Il devint tour à tour résident près de l'Electeur de
Hesse, le 25 novembre 1839 ; ministre plénipotentiaire, au
même poste, le 14 août 1841 ; envoyé extraordinaire et ministre
plénipotentiaire à Hanovre, et ministre plénipotentiaire à
Brunswick, le 5 août 1848 ; envoyé extraordinaire et ministre
plénipotentiaire à Stuttgard, le 3 janvier 1853. Démissionnaire en 1848, il avait été envoyé à Stuttgard par l'Empire,
qui le remplaça pour le nommer sénateur, le 4 décembre 1854.
(*Arch. min. Aff. étr.*)

De Rochechouart-Mortemart (Anne-Henry-Victurnien), fils
de Victor-Louis-Victurnien et d'Eléonore-Anne-Pulchérie de
Montmorency, né à Paris le 27 février 1806.
Premier page de la Maison du Roi le 1er juillet 1821 ;
Sous-lieutenant au 1er régiment de grenadiers à cheval le
7 juillet 1824 ;
Attaché auprès de l'ambassadeur de France en Russie le
23 mars 1828 ;
Lieutenant au 4e régiment de cuirassiers le 4 juillet 1830 ;
Mis en non-activité sans solde le 22 octobre 1830. (*Arch.
adm. min. Guerre.*)

sards d'Orange. Le combat s'engagea; les charges se succédèrent; le comte Orloff entra en ligne avec ses seize escadrons, et son artillerie parvint à réduire au silence les pièces ennemies, dont le tir était dirigé avec tant d'acharnement contre le général que celui-ci dut disperser son état-major, ne gardant près de lui qu'un aide de camp et M. de La Ferronnays. Enfin, la cavalerie turque sortit, sous les balles de l'infanterie et les coups de sabre de la cavalerie, de la souricière où la crainte du canon l'avait fait s'enfourner.

« A ce moment, le comte Diebitch se trouvait maître de l'extrémité droite de la position ennemie; Rondzewitch en occupait le centre, et les Turcs se retiraient en pleine déroute, sur Choumla, abandonnant leur camp et leurs fourrages.

« Cette journée nous a coûté très peu de monde, la perte des Turcs est inconnue. L'Empereur a tout dirigé en personne avec un calme qu'on ne peut comparer qu'à l'aplomb des troupes russes.

« L'infanterie, par une horrible chaleur et manquant d'eau, a montré tout ce que le dé-

vouement pouvait obtenir des forces physi-
ques de l'homme.

« La place de Choumla et son camp retran-
ché sont investis du côté de la plaine ; bientôt, la
route de Constantinople sera coupée, et alors on
s'occupera de l'attaque des hauteurs des Balkans
qui dominent toute la position.

« Quelques transfuges arrivent tous les jours,
mais leurs rapports sont si contradictoires
qu'on ne peut connaître la force de l'ennemi.
Le général Roth est arrivé devant Silistrie,
qu'il bloque. Par un détachement qu'il a envoyé
à Toutourkay, sur le Danube, l'on compte établir une ligne de communication directe d'ici à
Bucharest. Le siège de Varna est commencé et
doit se poursuivre activement. Cette place a
reçu de Constantinople un renfort d'infanterie
régulière, qu'on dit être commandé par le Capitan-Pacha. »

Le soir de la bataille, l'Empereur et le grand-
duc Michel vinrent s'asseoir au feu du bivouac
de l'ambassadeur, apportant leurs éloges aux
officiers de la mission, les félicitant individuel-
lement des services rendus dans la journée.

Les 27 et 28 juillet, les Turcs tentèrent de

vigoureuses sorties, qui furent repoussées ; mais
il ne fallait s'attendre à aucun succès décisif
pouvant entraîner la reddition de la place.
L'Empereur sentait sa présence plus nécessaire
devant Varna, dont le corps d'investissement
avait besoin d'être renforcé ; il quitta donc son
camp le 2 août, accompagné de deux régiments
de chasseurs (1), l'un à pied, l'autre à cheval,
et de douze pièces d'artillerie, « marchant à petites journées avec son escorte, parce que les
bois qui se trouvent vers Cousloudjé et Bazardjick présentent des dangers réels. Ils sont rem-
plis par les populations des villages qu'on a fait
refluer depuis le Danube jusqu'ici ; elles ne
vivent que de brigandage ; le chemin qu'on est
obligé de suivre est semé de défilés, souvent
dominé des deux côtés ; les paysans peuvent
donc s'approcher facilement et faire feu sur ceux
qui passent ».

Le duc de Mortemart et le corps diplomatique
se mirent en route le lendemain du départ de
l'Empereur ; les dépêches des 7 et 17 août
rendent compte de ce voyage jusqu'à Odessa, à

---

(1) Le 19ᵉ régiment de chasseurs à pied et le régiment de
chasseurs à cheval de Sewersk.

travers un pays dévasté par la guerre, ravagé par les fièvres, la dysenterie, le scorbut, qui s'attachaient avec acharnement aux pas de l'armée, « victorieuse sur les champs de bataille et vaincue dans les hôpitaux (1) ».

« ..... Ayant quitté Choumla le dimanche 3, écrit le duc, nous avons traversé Iéni-Bazar, occupé, dans ce moment, par des malades et des blessés. A l'entrée de la ville, nous avons vu un grand nombre de familles bulgares, venues se mettre sous la protection de l'Empereur, et qui doivent aller, je pense, peupler une partie de la Bessarabie; elles sont dans la plus affreuse misère et ont pourtant l'air heureuses d'échapper à leurs maîtres actuels.

« Nous avons suivi la même route que l'Empereur jusqu'à Cousloudjé, où nous sommes venus coucher lundi; les nouvelles que nous y avons reçues nous faisaient craindre une attaque pendant la marche du lendemain, attaque qui, sans être dangereuse, aurait causé beaucoup de désordre dans notre convoi; un cheval tué ou blessé, un conducteur cherchant à fuir, suffi-

______

(1) Le colonel baron de Moltke, *Campagne des Russes dans la Turquie d'Europe en* 1828.

saient pour culbuter, dans un chemin étroit et périlleux, une longue file de voitures, la plupart mal attelées ; il n'en a rien été, heureusement. Les meilleures mesures avaient été prises, et nous sommes arrivés ici (1), mardi soir, sans autre inconvénient qu'une chaleur excessive et la fatigue causée par la marche si lente de l'infanterie. Notre quartier général est déjà fort diminué. Le comte de Bloume s'est mis en route par terre pour Odessa ; plusieurs aides de camp de Sa Majesté suivent la même route ; je dois attendre ici l'avis qui me fera connaître le port où je trouverai le vaisseau qui me conduira à Odessa avec les autres membres du corps diplomatique. Le prince de Hesse, qui est de ce nombre, n'a passé que deux jours à Choumla. Je viens d'apprendre que, moins heureux que nous, un convoi a été attaqué hier dans les bois que nous venons de traverser et qu'il a essuyé des coups de fusil pendant une heure. Sur trente hommes qui composaient l'escorte, deux ont été tués et plusieurs autres blessés. Le convoi a dû son salut à la présence d'esprit de l'offi-

---

(1) Au camp devant Bazardjick, le 7 août.

cier commandant le détachement qui, se voyant serré de près, cria : « A moi la cavalerie, char- « gez ces misérables! »

« Nous avons vu brûler presque tous les villages le long de notre route. On a l'intention, par cette rigueur, de punir et d'intimider les habitants du pays. Cousloudjé était en flammes pendant la nuit que nous avons passée près de cette bourgade. Cet incendie est le résultat d'un accident; c'est d'autant plus malheureux que cette ville est un point important, situé à la jonction des routes de Provadi, de Varna et de Choumla.

« Bazardjik présente un triste spectacle : la ville est remplie de malades, de blessés; les mosquées, employées ordinairement comme hôpitaux, ne suffisent plus; nous sommes entourés de bêtes mortes, abandonnées et non enterrées, qui infectent l'air et rendent ce séjour insupportable. La mortalité augmentant chez les bêtes à cornes, on l'attribue à la mauvaise qualité et à la rareté de l'eau (1).

« ..... Dans ma dernière dépêche, datée de

____

(1) « En Valachie et en Bulgarie, l'eau était mauvaise, remplie de substances argileuses et calcaires; dans le camp

Bazardjik, je mandais à Votre Excellence que
j'attendais un avis pour me rendre au bord de
la mer. Jeudi 7, on me fit savoir qu'une frégate
nous attendait à Kustendjé; et ce fut avec bonheur que je quittai Bazardjik, dont le séjour,
déjà fort malsain aujourd'hui, sera, je le crains,
pestilentiel avant peu; l'air y est corrompu par
la grande quantité de malades; même sous nos
tentes, hors de la ville, le vent apportait des
exhalaisons tellement infectes que les vinaigres
les plus forts pouvaient à peine nous en garantir; aussi, les fièvres deviennent-elles mortelles
en peu de temps. Pendant notre séjour, nous
avons perdu un jeune officier volontaire de
Weimar, M. de Stein, blessé d'un coup de sabre
à une affaire d'avant-garde; il était presque ré-
tabli, mais une imprudence qui, partout ailleurs, aurait été punie par quelques jours de
maladie, le conduisit au tombeau. Son malheureux domestique, qui l'a soigné jusqu'à la fin,
était mourant. Un médecin prussien a également
ment gagné sa maladie, et nous avons laissé le

---

de Choumla, elle existait en si petite quantité qu'elle suffi-
sait à peine pour apaiser la soif des soldats. » (Le colonel
baron DE MOLTKE.)

comte de Bethousy, venu à la suite du comte de Nostitz, dans un état de santé désespéré.

« Notre journée a été extrêmement longue et fatigante; il nous a fallu faire plus de 40 verstes, exposés à un soleil dévorant, sans trouver d'eau qu'à une fontaine, à moitié route, et qui n'a pas seulement suffi pour les hommes : le village où nous avons passé la nuit ne possédait que quelques puits qui, bientôt taris, n'ont fourni qu'un peu d'eau bourbeuse à nos chevaux; ceux de la troupe n'ont pu boire.

« Nous avions pour escorte deux escadrons de cosaques de la Garde. C'est à eux que nous devons d'avoir passé moins tristement notre première journée : ils avaient formé, en tête de la colonne, un peloton de leurs meilleurs chanteurs; leurs airs, d'un mode très original, ont été exécutés avec beaucoup de justesse et d'harmonie; ils ont ainsi chanté tout le temps de la marche, dirigés par l'un d'eux qui, par l'âme et la chaleur qu'il y mettait, annonçait qu'il était musicien. Le soir, pendant qu'on dressait nos tentes, nous entendîmes tout à coup un bruit qui fixa notre attention. En tournant la

tête, grande fut notre surprise de voir le prince
Troubetzkoï, aide de camp de Sa Majesté,
commandant du convoi, qui volait dans les airs,
en retombant en cadence sur les bras d'une
vingtaine de cosaques. Notre premier mouvement fut de le croire insulté à cause de la fatigue et du manque d'eau de la troupe, et de
voler à son secours; mais nous reconnûmes
vite que ce que nous prenions pour une sédi-
tion était un hommage des cosaques. Le colonel, le bonnet à la main, attendait la fin de
la cérémonie. Le prince vint lui-même, aussitôt
après, nous dire que c'était la manière dont ils
témoignaient à quelqu'un leur affection; au
même instant, je me sentis enlevé par derrière,
et je fus, à mon tour, très honorablement *berné*.
MM. de Béarn et de Mortemart reçurent la
même faveur. Le chant était terminé chaque
fois par trois hourras pendant lesquels on était
lancé à toute la hauteur possible. Je reconnus
alors le peloton de chanteurs qui fit ainsi les
frais de la journée. Cette *bernade*, qui n'a rien
de désagréable, se termina, comme toutes les
politesses de ce genre, par le don de quelques
ducats, et nous nous sommes retirés, malgré

5.

notre soif et notre accablement, fort contents
les uns des autres.

« Ce petit épisode, Monsieur le comte, ne
vous paraîtra pas sans intérêt, puisqu'il donne
une juste idée du courage et de la gaîté avec
lesquels cette admirable troupe de cosaques de
la Garde supporte, depuis trois mois, des priva-
tions et des fatigues inexprimables. Je ne connais aucune cavalerie en Europe capable d'en
endurer autant, pendant le quart de ce temps.

« Le lendemain, nous avons fait 20 verstes
pour gagner Mangali ; la vue de la mer nous a
procuré un bien vif plaisir, en songeant que
nous allions sortir de l'immensité des steppes.
Les marins n'éprouvent sûrement pas d'autres
émotions, lorsqu'après une longue traversée,
ils découvrent la première côte du pays où ils
doivent aborder.

« Mangali, comme les autres villes turques,
ne présente que des ruines ; on voit pourtant
qu'elle a dû être une bourgade importante,
qu'elle pourrait le redevenir, mais non tant
qu'elle sera soumise à un gouvernement qui ne
s'appuie que sur des exactions. Les Romains
ont occupé cette position ; de grands morceaux

de marbre, des débris de sculptures et de cha-
piteaux portent le cachet de leur grandeur. Le
voisinage des lacs nous a donné une multitude
d'insectes qui nous a empêché, toute la nuit, de
nous remettre des fatigues du jour; nous
sommes enfin repartis de Mangali, le dimanche,
et nous sommes arrivés à Kustendjé, ayant fait,
ce jour-là, deux étapes égalant une journée
d'environ 45 verstes.

« La frégate *Le Standart* était effectivement
en rade à nous attendre : le lendemain, au point
du jour, nous avons embarqué quelques effets,
laissant nos bagages à Kustendjé, et nous
sommes montés à bord le même jour, dans
l'après-midi. Le capitaine et l'équipage nous ont
reçus avec les honneurs d'usage. Un calme plat
a différé notre départ jusqu'au lendemain
matin ; nous avons fait route alors, avec une
brise assez forte qui, étant tombée vers midi,
nous a encore laissés sans avancer. Ce n'est que
vendredi matin que nous avons mouillé sous
le canon d'Odessa.

« Notre traversée a été ennuyeuse par sa
lenteur, et pénible à cause d'un roulis continuel
qui m'a rendu, ainsi que beaucoup d'autres,

fort malade les trois premiers jours. Un des
hommes de la suite du prince de Hesse, monté
à bord de la frégate avec la dysenterie, est
mort. Le prince de Schwarzbourg, neveu et
aide de camp de Son Altesse, était, par suite
de la même maladie, dans un état très alarmant.
Il a fallu une demi-journée pour connaître les
ordres, opérer notre débarquement, et ce n'est
que vers une heure que nous sommes entrés à
Odessa. Les formalités de quarantaine ont été
réduites, pour nous, autant que possible; on
s'est contenté de nous parfumer dans une vaste
salle, consacrée à cet usage.

« Sa Majesté m'avait fait engager à dîner;
je m'y suis rendu aussitôt, ayant à peine eu le
temps de décacheter mes dépêches. L'Empereur habite une maison de campagne à 5 verstes
de la ville ; l'accueil qu'il m'a fait, ainsi
que l'Impératrice, a été charmant et des plus
flatteur. Je ne dois pas omettre de vous parler
de la beauté et de la tenue de la frégate qui
nous a conduits ici; l'équipage est aussi remarquable par sa discipline que par sa vigueur.
Cet échantillon de la marine russe fait honneur
au souverain qui, dans son vaste empire, a su

mettre ses forces de terre et de mer sur un pied aussi respectable. »

La première partie de la campagne, jusqu'au milieu d'août, avait présenté une série de succès ; mais, actuellement, l'armée russe, avec ses effectifs réduits par les maladies, entièrement engagée devant Choumla, Silistrie et Varna, se trouvait dans une situation très critique. Le corps du général Tcherbatoff avait à peine suffi pour remplir les vides, et la Garde, dont l'entrée en ligne avait été retardée par le mauvais état des routes, était indispensable sous les murs de Varna ; il ne restait donc aucune réserve disponible pour secourir un des corps d'investissement et arrêter l'armée du grand vizir Méhémet Selim-Pacha, qui se dirigeait vers les Balkans où il devait se réunir à Omer-Vrione (1), sorti de Choumla avec 15,000 à 20,000 hommes. Les Turcs, dont toute la stratégie avait consisté jusqu'alors à se tenir sur

______

(1) Omer-Vrione, né en Albanie en 1789, mort en 1836. Il commanda l'armée turque devant Missolonghi, du 7 novembre 1822 au 8 janvier 1823, et perdit contre les Grecs, le 26 août 1824, la bataille de Mavryllo.

la défensive, allaient prendre l'offensive en voyant l'inaction des Russes, et quelques succès de leur cavalerie leur avaient donné assez de confiance pour croire qu'ils pouvaient résister, en dehors de leurs retranchements, aux attaques d'une armée disciplinée.

La situation n'était pas moins périlleuse au point de vue des relations extérieures; une grande partie de l'Europe n'avait pas dissimulé sa jalousie en apprenant l'occupation des principautés.

A la nouvelle de la marche rapide des Russes, cette jalousie s'était changée en une inquiétude qui avait, elle-même, fait place à des dispositions hostiles, à Londres et surtout à Vienne, lorsque les représentants de ces cabinets, attachés au quartier impérial, envoyèrent des rapports exagérés sur les pertes de l'armée, appelèrent victoires les quelques avantages remportés par les Turcs, et prédirent finalement une issue désastreuse de la campagne.

La Prusse, seule, avait, au moment où la guerre commença sur le Pruth, approuvé hautement la conduite de la Russie et n'avait

pas craint de se mettre en opposition avec la
Cour de Vienne (1).

« Le sentiment profondément hostile qui
anime les Autrichiens contre les Russes », écrivait le duc de Montmorency-Laval, ambassadeur de France à Vienne (2), « a pris, surtout
depuis quelques mois, le caractère d'une véritable antipathie nationale. Ce n'est plus un sentiment de malaise et de jalousie contre la prépondérance d'un voisin trop puissant; c'est une
animosité sans contrainte qui se manifeste de la
manière la plus équivoque, en accueillant,
avec un empressement aveugle, toutes les nouvelles défavorables aux armes russes. C'est une
sorte de joie impitoyable qui ne trouve point
assez de morts sur le champ de bataille, assez
de victimes dans les hôpitaux. »

Une vigueur exceptionnelle imprimée à la
marche des opérations pouvait seule mettre
fin à ces bruits malveillants et arrêter l'audace
des Turcs ; il n'était que temps d'agir, et c'est
ce à quoi s'employa M. de Mortemart. Son titre

---

(1) M. de Lagrené au comte de La Ferronnays.

(2) Le duc de Montmorency-Laval au comte de Rayneval,
ministre d'Etat.

d'ambassadeur d'une puissance alliée (1), ses connaissances militaires, l'amitié que le Tzar lui témoignait, lui permettaient de s'en expliquer franchement, chaudement même, avec l'Empereur; « mais l'humanité de Sa Majesté et des conseils, dictés par des hommes peu expérimentés, paralysèrent ses premiers efforts.

« J'ai déjà insisté, j'insisterai encore sur les moyens de vigueur. La nouvelle de notre expédition de Morée doit produire un grand effet sur le Sultan. Si nous agissons de notre côté, le résultat sera prompt et sûr.

« Le désintéressement et la noblesse dans les procédés ne sont rien aux yeux d'un Turc; il faut le frapper, et ce langage est le seul auquel son intelligence hautaine et brutale puisse se plier.

« Telles sont les réflexions qui dictent toutes mes conversations avec l'Empereur et dont

---

(1) *M. de Lagrené au comte de La Ferronnays :*

« Saint-Pétersbourg, 7 octobre 1828.

« La France se popularise chaque jour en Russie. Cette alliance qui, après l'entrevue de Tilsitt et la conférence d'Erfurt, n'existait que dans la politique de Napoléon et l'esprit chevaleresque d'Alexandre, est descendue maintenant jusque dans le peuple; elle y devient, pour ainsi dire, nationale et sympathique. »

Sa Majesté comprend toute l'importance (1) ».

Dans une dépêche confidentielle au ministre des Affaires étrangères, l'ambassadeur de France se plaignait aussi de la présence, à l'armée, des représentants de toutes les puissances :

« Il en est dont l'amitié franche et sincère est au-dessus de tout soupçon; mais l'Empereur est-il sûr que tous soient également à l'abri d'impressions fâcheuses? Est-on certain que tous prennent au succès des armées russes en Turquie le même intérêt? Je crois devoir soumettre à Votre Excellence ces réflexions qui m'avaient d'abord frappé et que mes dernières observations ont, peut-être, rendues importantes.

« Peut-on regarder comme bien franche la politique de l'Angleterre? Une conversion aussi subite que la sienne est-elle vraiment sincère? Le cabinet britannique, voyant la marche rapide des Russes au début de la campagne, et craignant peut-être que la guerre ne se terminât promptement et brillamment, semble s'être dit :

____

(1) Le duc de Mortemart au comte de La Ferronnays.

« Voilà les Russes auxquels rien ne résiste :
n'ayons pas l'air de douter de leurs vues gé-
néreuses ; feignons même un rapprochement,
et nous participerons à tout ce qui se fera.
Si, par hasard, les chances tournent contre
eux, nous ne nous serons pas engagés et
notre position ne sera que meilleure pour en
profiter. »

« Ces idées, que je suppose au cabinet anglais,
n'auraient-elles pas dicté les instructions particulières d'après lesquelles lord Heytesbury
doit régler sa conduite ? Ce diplomate est, nous
le savons, très habile. Cependant, je crois avoir
surpris, dans l'abandon préparé de mes conversations militaires, un air de malignité qui
trahissait la satisfaction que lui faisait éprouver
ce que je pouvais dire de moins favorable aux
armes russes ; et cette observation a donné
même plus de poids encore à mes doutes sur la
bonne foi du ministère anglais.

« La France, amie fidèle de la Russie, doit
aussi penser à ses intérêts. Cet immense empire
russe, ce colosse du Nord, j'en ai maintenant la
certitude, ne pourrait mettre en ligne, hors de
ses frontières, plus de 200,000 combattants,

et la moindre perte serait mal réparée en un an.

« Quel secours pourrions-nous jamais attendre
de forces si éloignées et si précieuses à leur
maître? Le partage de la Turquie est encore
dans les temps à venir; il faut donc, plus que
jamais, chercher à conserver notre union avec
d'autres puissances dont les hostilités nous
seraient plus fatales que toute l'amitié russe ne
saurait être utile. C'est en considérant les
choses sous ce point de vue que je regarde le
succès de notre expédition de Morée comme de
la plus haute importance pour l'intérêt particulier de la France. Quelle que soit la fin de cette
campagne d'Orient, il faut que la France, en
sacrifiant ses trésors et son **sang** pour le repos
de l'Europe, **prouve à** cette Europe que, si elle
est généreuse, elle est également puissante; il
faut que les succès de nos armes en Morée en
imposent, et que cet échantillon de nos forces
montre ce que nous saurions faire, au besoin,
avec nos masses. La réputation de nos armes,
que nous pouvons élever très haut en ce moment, nous procurera un jour, et sans frais,
d'immenses résultats; et quand elle ne nous
servirait, aujourd'hui, qu'à assurer à la France

cette prépondérance qu'elle a déjà auprès des autres nations, nous n'aurions à regretter ni nos trésors, ni le sang de nos braves.

« Les Turcs connaissent maintenant le caractère de l'Empereur; ils savent qu'il désire, avant tout, la paix et qu'ils peuvent l'acheter par quelques concessions et un traité qu'ils violeront quand ils voudront. Ne pourrait-il leur venir l'idée de terminer subitement leur démêlé particulier avec la Russie pour tomber ensuite avec toutes leurs forces sur la Grèce? Je prie Votre Excellence de me donner des instructions pour un cas semblable, car j'agirai vigoureusement, s'il se présente, même avant leur arrivée.

« J'ai peut-être été bien loin, Monsieur le comte, dans mes suppositions; mais l'amour de mon pays, l'intérêt de sa gloire, la prospérité du règne de Charles X, sont tout pour moi.

« Chargé de veiller ici à des intérêts qui me sont plus chers que la vie, je n'ai rien voulu omettre de ce qui m'a paru, même de loin, pouvoir les servir. »

M. de Mortemart ne se décourageait pas; dans ses conversations avec l'Empereur, il cherchait à lui démontrer que les pertes de l'armée,

résultat d'un assaut ou d'une bataille, ne seraient
rien en comparaison de celles qui seraient la
conséquence du climat, surtout pour la Garde,
moins acclimatée, moins endurcie que les autres
troupes : « Je discute les projets de Sa Majesté
avec la franchise d'un soldat et la bonne foi
d'un envoyé du roi de France vis-à-vis l'ami de
son maître, et je La prie instamment de calculer
Son retour à l'armée avec la reprise des opérations militaires, pour que la nouvelle de Son
arrivée puisse être suivie de celle d'un succès. »

Le Tzar se rendit enfin aux sages conseils
de l'ambassadeur :

« On m'a trompé devant Choumla, lui dit-il ;
Nostitz et vous, vous aviez bien vu ; il faut que
j'aille à Varna » ; et il s'embarqua le 2 septembre
sur la frégate *La Flore*, décidé à attaquer la
place avec vigueur, « à l'emporter avec sa
Garde d'une manière éclatante, c'est-à-dire
d'assaut, ou en ne la recevant qu'à discrétion ».

*
* *

Les dépêches des 17, 19 et 23 septembre
montrent avec quelle anxiété M. de Mortemart
attendait l'autorisation de rejoindre le quartier

impérial, dans la crainte que l'Empereur ne subît de nouveau l'influence de son entourage : « Plus que jamais, j'appréhende la faiblesse des dispositions que l'on va prendre et dont je commence à croire qu'on n'a pas voulu me laisser le spectateur. » Une lettre, dans laquelle le comte de Nesselrode prétexte que l'Empereur ne peut recevoir tout le corps diplomatique à bord de la *Ville de Paris,* ne fait que confirmer ses craintes. Tous les courriers annoncent comme prochaine la chute de Varna, et Varna résiste toujours! Que diront les Cours lorsque les représentants leur rendront compte de ces hésitations qui ressemblent trop à des échecs, et lorsqu'elles apprendront que ce ne sont plus seulement les fièvres et la dysenterie, mais bien la peste, qui déciment l'armée? Car il faut se rendre à l'évidence : 24 1/2 p. 100 de l'effectif est en traitement dans les ambulances des régiments et dans les hôpitaux permanents! La Garde, qui n'a perdu que 50 hommes pendant la longue route de Saint-Pétersbourg au Danube, avait laissé derrière elle plus de 500 fiévreux dans les trois premiers jours de marche sur le territoire turc.

Une chose, pourtant, rassure l'ambassadeur :
« Lord Heytesbury ne fera, dans aucun cas, la
campagne, à cause de la délicatesse de sa
santé. »

« Depuis plusieurs jours (1), la frégate *La
Flore, Le Standart*, qui doit nous mener à Varna,
d'autres bâtiments de guerre et de commerce
sont revenus de cette dernière rade, sans nous
apporter de nouvelles et sans nous faire connaître les intentions de l'Empereur à notre
égard. Cette incertitude dans laquelle on nous
laisse m'étonne particulièrement, au moment
de l'arrivée de notre expédition en Morée;
comme j'ai eu l'honneur de le mander à Votre
Excellence, malgré mon isolement et mon éloi-
gnement du théâtre de la guerre, je suis, quoi-
qu'un peu tardivement, bien au fait de l'état
des affaires, et il est curieux de voir avec quelle
confiance certaines personnes ici pensent nous
faire croire tout le contraire de ce qui est.

« Cette manière de le servir, si opposée au
noble caractère de l'Empereur, fait plus de mal
à ses affaires qu'on ne le pense, et cette envie

____

(1) Dépêches des 17, 19 et 23 septembre du duc de Mortemart au comte de La Ferronnays.

de tromper fait souvent croire ce qui n'est pas.
Aussi, je parierais qu'on mande en Autriche et
en Angleterre : « Que le colosse du Nord est
un pygmée hors de chez lui ; que sa Pologne est
un bras gangrené qui viciera tout le corps, si le
hasard ne l'en détache pas ; que 20,000 Européens, en Perse, le repousseraient derrière le
Caucase ; que quatre vaisseaux de ligne, exercés
dans l'Océan, auraient bientôt détruit une flotte
russe qui ne peut seulement pas apprendre
à connaître les vents dans la mer Noire ; qu'enfin, il faut s'informer, quand on voit la tête du
colosse, s'il y a des esprits en réserve pour la
remplir..... »

« J'aurais bien des réflexions à faire sur ces
dires, si Votre Excellence ne savait, par elle-
même, à quoi s'en tenir.

« Nous attendons, à chaque instant, la nouvelle de la prise de Varna ; cette place, dominée
du côté de la terre, ne peut résister à une
attaque plus ou moins bien dirigée, d'autant
plus que le blocus est complet et bien assuré.
Mais la place une fois soumise, doit-on croire à
une opération au delà des Balkans, que certaines personnes m'annoncent comme indubi-

table, ou à une retraite que le peuple prévoit
par des symptômes à lui connus, et que, malheureusement, l'armée semble désirer? En
comparant le caractère de l'Empereur, le peu
d'énergie de quelques généraux, la santé du
soldat, la ténacité des Turcs, avec les difficultés à vaincre, je ne puis me défendre d'un
certain pressentiment qui me dit : la campagne
sera terminée après le siège de Varna; on
prendra position au pied des Balkans; puis, le
manque de fourrages, l'épuisement des troupes
feront rétrograder; une petite guerre, aussi dé-
savantageuse aux Russes que favorable à la cavalerie turque, s'établira à l'entrée des steppes;
enfin, pour refaire les troupes et se mettre à
couvert, on repassera le Danube, heureux de
conserver les places tenables.

« La crainte de voir cette triste idée se réaliser est peut-être ce qui l'entretient dans mon
esprit, mais il est bon que Votre Excellence la
connaisse.....

« Les opérations ont pris une marche de lenteur, de tergiversation, et presque de crainte, à
laquelle il faut imputer tout le non-succès de la
campagne. L'Empereur a donné sa confiance à

6

des généraux qui ont, sans doute, des talents,
mais qui n'ont pas senti tous les avantages que
l'on pouvait tirer de sa présence à l'armée. Aujourd'hui même, je vois avec peine Sa Majesté
rester à bord d'un vaisseau, tandis que les
troupes sont, à terre, en pleine activité. Ces
mesures de précaution que l'on croit devoir
prendre sont, il me semble, incapables d'inspirer confiance aux soldats et peuvent même re-
froidir leur ardeur.

« On dit que l'Empereur a promis d'être le
1ᵉʳ novembre à Saint-Pétersbourg. Si cela était
vrai, le temps d'agir se trouverait fort limité.....

« Varna ne tombe toujours pas. L'armée a
perdu, en huit jours, par les maladies, plus que
dans l'assaut le plus meurtrier auquel on sera
obligé d'en venir. Un bâtiment qui amène des
malades ici, en trois ou quatre jours, en jette
un sixième à la mer. Nicolaw, Sébastopol sont
convertis en vastes hôpitaux; à Odessa, les soldats sont logés chez l'habitant, afin de transformer les casernes en ambulances. La peste a repris ses ravages en Valachie, et nous serons
bien heureux si ces transports de malades, de
blessés ne nous l'apportent pas ici.....

« Je suis très fâché de ne pas être auprès de
Sa Majesté. Dès que le *Pantaleimon* sera prêt,
je m'embarquerai, et tout me fait croire que
nous partirons demain..... »

Lorsque le *Pantaleimon* jeta l'ancre, le 7 septembre au matin, en rade de Varna, M. de Mortemart apprit que les opérations du siège con-
cordaient bien peu avec les dispositions qu'il
avait préconisées et dont il espérait tant voir
l'application.

Omer-Vrione était arrivé avec 20,000 hommes, le 22 août, à 10 verstes de la ville, et avait
établi son camp dans une position défendue
naturellement par des ravins, des bois et des
broussailles impénétrables.

Le colonel Salusky, aide de camp de l'Empereur, partit avec le régiment des chasseurs à
cheval de la Garde et deux pièces d'artillerie,
pour reconnaître cette position ; il s'égara dans
les bois et arriva, à l'improviste, en face des
retranchements turcs ; la fusillade l'obligea à
battre en retraite à plein bois ; dans une clai-
rière, toute la cavalerie turque entoura les
chasseurs, les chargea et les sabra ; 800 hommes
seulement sur 1,500 rentrèrent dans les lignes

russes; un général et deux officiers supérieurs furent tués; suivant leur habitude, les Turcs décapitèrent les morts et, lorsqu'après la prise de Varna, le duc de Mortemart visita le camp d'Omer-Vrione, il vit encore les têtes des soldats, « abandonnées dans la précipitation de la retraite, reconnaissables à leur chevelure blonde ».

Le 28, une attaque contre les lignes d'Omer-Vrione fut repoussée. L'ordre arriva, du quartier impérial, de la renouveler le 30. Le prince Eugène de Wurtemberg (1), qui commandait l'armée, jugeait avec raison que, non seulement l'ennemi avait l'avantage de la position, mais qu'il disposait de forces bien supérieures à celles

______

(1) Eugène-Frédéric-Charles-Paul, prince de Wurtemberg, fils du prince Eugène de Wurtemberg et de la princesse de Stolberg, naquit à Oels, le 8 janvier 1788. L'empereur Paul Ier le nomma colonel dans l'armée russe en 1796 et général en 1798. Il prit du service actif en 1806 comme aide de camp du général Benningsen. En 1810, il commanda une brigade contre les Turcs. Nommé *general-lieutenant* après la bataille de Smolensk, il reçut le commandement du 11e corps à la fin de la campagne; il combattit à Lutzen, Bautzen, Kulm, Leipzig, Bar-sur-Aube, Arcis-sur-Aube, et fut nommé général en chef pour sa participation à la bataille de Paris. Après la campagne de 1828, il se retira dans son domaine de Karlsruhe, en Silésie, et mourut le 16 septembre 1857.

Le prince Eugène de Wurtemberg a écrit une Relation de la campagne de 1812 et laissé des Mémoires.

que l'on s'attendait à combattre. Il aurait voulu
faire précéder son attaque d'une forte reconnaissance, afin de déblayer le terrain à coups de
hache, car l'épaisseur de la forêt l'obligeait à
placer son artillerie à une distance qui en annu-
lait l'effet, ou à la mettre en position si près des
retranchements, qu'elle eût été compromise en
cas d'échec.

Mais l'ordre disait de marcher *immédiatement*. Le prince, forcé, contre sa conviction,
d'exécuter l'attaque, n'hésita pas un instant,
obéit en soldat et répondit à l'aide de camp qui
lui avait apporté l'ordre : « Dites à Sa Majesté
que la grâce de Dieu et le courage de ses soldats
peuvent nous donner la victoire; mais, quel que
soit le sort des armes, les troupes et moi nous
avons la ferme confiance que l'Empereur ne
doutera ni de notre obéissance, ni de notre
zèle », montrant ainsi que « l'obéissance pas-
sive, même dans les positions les plus critiques,
est la première qualité d'un militaire (1) ».

Ne pouvant préparer le combat avec son artillerie, il fit avancer toute son infanterie en

---

(1) Le colonel baron de Moltke.

6.

masse, à l'assaut des retranchements ; un bataillon parvint à les escalader, à y pénétrer, mais ne put s'y maintenir ; les Turcs, dans la mêlée et le corps à corps, valaient leurs adversaires.

Débordés de tous côtés, assaillis par un feu terrible, les Russes durent se retirer, perdant 2 généraux et 1,400 hommes : le prince de Wurtemberg fut blessé d'une balle au bras. Après le combat, on enterra, dans la même fosse, le colonel, 2 chefs de bataillon, 2 capitaines et 5 lieutenants du régiment d'Azof. Cette deuxième attaque, quoique n'ayant pas réussi, put quand même être comptée comme un succès, si le résultat final d'une opération est la véritable pierre de touche qui permet de la juger. En effet, Omer-Vrione, impressionné par la résistance et la bravoure extraordinaires des Russes, ne sut profiter de ses avantages. Il resta onze jours sur la défensive, inactif dans son camp, et battit précipitamment en retraite lorsqu'il apprit que le drapeau russe flottait sur les murs de Varna.

* *

Varna avait enfin capitulé le 11 octobre ; sa défense avait duré quatre-vingt-neuf jours à compter du premier jour d'investissement, soixante-dix depuis les premiers travaux du siège et vingt-sept depuis l'ouverture d'une brèche praticable.

« Je vois de ma cabine, mandait M. de Mortemart, un bastion qui ne demande qu'à être occupé, une courtine ouverte sur une grande longueur et les décombres de la ville abordable du côté de la mer. » Un autre jour, visitant les tranchées avec M. de Béarn, « sous la capote d'un soldat », il acquérait la certitude que « Varna ne pouvait plus tenir » ; mais l'Empereur, toujours avare du sang de ses soldats, avait préféré engager des pourparlers avec le gouverneur, Youssouf-Pacha, plutôt que d'en arriver à l'assaut. Youssouf, qui avait eu connaissance de l'échec du 28 et était en droit d'espérer des secours, cherchait à gagner du temps en demandant des conditions inacceptables ; les négociations n'avançaient pas ; cependant, il importait de prendre un parti décisif, car, à chaque instant, on pouvait craindre un mouvement offensif d'Omer, combiné avec une sortie des assiégés. Or, l'armée n'était plus en état de résister à des forces très supérieures.

L'expérience de l'Empereur qui, comme grand-duc, avait longtemps présidé le corps du génie, les encouragements que sa présence inspirait aux troupes, firent pousser les travaux d'approche avec la plus grande énergie; en quelques jours, les mineurs réussirent à détruire tout un front de la place; trois brèches furent reconnues praticables et enlevées par les Russes, malgré une défense opiniâtre et des retours offensifs désespérés. Youssouf, averti qu'il avait vingt-quatre heures pour capituler, que, passé ce délai, la ville serait emportée d'assaut, se rendit au camp impérial et signa la reddition de cette fameuse Varna, ce boulevard de la Roumélie, où les Turcs avaient prédit que l'armée russe trouverait son tombeau !

Le duc s'empressa d'annoncer à Paris cette grande nouvelle, ce succès auquel il avait contribué par son énergie et par sa persévérance :

« La place de Varna s'est rendue hier. Youssouf-Pacha en est sorti avec ses partisans et 2,000 à 3,000 hommes, tant cavalerie qu'infanterie, pour venir se mettre sous la protection de l'Empereur et lui demander un asile; il a mis bas les armes, s'en rapportant à la générosité de Sa Majesté. « Tu as pris Varna, lui dit-il, parce « que Dieu protège ceux qui, comme toi, sont « avares de sang. »

« Pendant ce temps, le capitan-pacha, Izzet-Méhémed, s'était retiré dans une portion de la ville, proche de ce que l'on nomme la citadelle, où il a parlementé jusqu'à ce matin; on lui a permis de se retirer avec 300 hommes, sans armes, pour aller rejoindre le grand vizir.

« Rien ne peut donner une idée de l'état de cette malheureuse ville, de la perte des habitants et de la garnison, ainsi que de la misère qui les accable. J'estime qu'il restait encore, indépendamment de la population, 6,000 à 7,000 combattants, de 22,000 qu'ils prétendent avoir été. Ceux qui restent sont, pour la plupart, des spectres ambulants; l'état des femmes et des enfants est déplorable.

« Il est impossible de faire une plus belle, plus longue, plus inconcevable résistance, dans une plus mauvaise place, qu'on déclarerait intenable chez nous. Du côté des Russes, on ne peut voir plus de courage, de patience et d'humanité. Je désirais et j'avais conseillé de dissimuler la prise de Varna hier, de marcher cette nuit, de tomber sur Omer-Vrione ce matin, de manière à frapper l'armée turque de ter- reur par une opération brillante. On en a dé- cidé autrement, et un simple *Te Deum* a été chanté.

« Je viens d'apprendre qu'Omer était décampé et effectuait sa retraite.

« La campagne est finie. L'Empereur doit s'en retourner par mer à Odessa ; il restera en- core quatre à cinq jours ici, pour y régler les affaires de l'armée, et espère arriver à Saint- Pétersbourg pour la fête de l'Impératrice mère. Il désire la paix sincèrement et espère que l'ac- cord des puissances pourra la provoquer cet hiver ; mais Sa Majesté n'en disposera pas moins ses forces pour entrer, au besoin, en cam- pagne au printemps prochain. Elles seraient formidables, étant composées de quatre corps d'infanterie, d'un de cavalerie, de nombreux pulks de cosaques, dont on a reconnu l'utilité, et de la Garde en réserve ; plus la force immense de l'expérience acquise par les leçons des fautes passées.....

« L'Empereur, avec une grâce parfaite, a

daigné me remettre la croix de Saint-Georges,
en souvenir des champs de bataille où j'ai eu
l'honneur de me trouver près de Lui. Je sollicite
des bontés du Roi la permission de porter cette
croix comme souvenir, car, au milieu des belles
actions dont j'ai été témoin, j'avoue que je l'ai
bien peu méritée.

« Sa Majesté, en même temps, m'a remis la
croix de Saint-Vladimir avec la cocarde militaire pour M. le vicomte Henri de Mortemart, le
comte Hector de Béarn, le vicomte de La Ferronnays et le comte de Fitz-James ; ces messieurs l'ont bien gagnée par leur conduite excel-
lente et distinguée. »

Les quelques jours précédant le départ furent
employés par M. de Mortemart à visiter Varna
et ses environs.

« J'ai mis toute ma matinée à profit pour reconnaître la ville. La place, qui a tenu près de
trois mois, est très peu de chose. La moitié de
l'enceinte du nord, sur tout le front attaquable,
est dominée ou de niveau avec un terrain couvert de vignes et d'arbres, dans un sol propre
aux travaux. Toutes les fortifications de ce côté
se composent d'un rempart mal disposé, en-

combré, enfilé, sans traverses, avec palissades
mal conçues sur la banquette, placées en partie
pendant le siège ; le talus extérieur du rempart
n'est pas gazonné et garni de mauvais clayon-
nages, sans consistance contre le boulet, in-
flammables avec les fusées à la Congrève ; l'escarpe, en pierre calcaire, est bien maçonnée
jusqu'à 12 pieds de hauteur ; le fossé, de 30 à
40 pieds de large, se trouve, dans certains endroits, réduit à 15 pieds. La citadelle est une
vieille enceinte, du temps de Justinien, relevée
par les Génois, formée d'un mur de couvent,
avec de petites tours carrées, pleines, sans rien
pour la défense.

« En traversant la malheureuse ville, j'ai vu
qu'elle était, de tous côtés, également détruite,
et je ne conçois pas comment la nombreuse
population que j'ai rencontrée partout a pu se
mettre à l'abri du feu de l'artillerie pendant le
siège. J'ai eu le bonheur de pouvoir donner
quelques secours à de malheureux Grecs malades et blessés, à de pauvres femmes chargées
d'enfants, et de faire bénir le nom français....

« Sur le sommet du dernier contrefort des
Grands-Balkans, au milieu de ravins, d'escar-

pements et de bois taillis, j'ai reconnu la position dans laquelle le général Bistrow a couvert le siège contre les projets d'Omer-Vrione. Rien n'était plus intéressant, après avoir admiré la science du général qui avait si bien su choisir sa position, que d'examiner, à 1,000 ou 1,200 toises plus loin, celle de son adversaire Omer. Ici, l'ignorante confiance des Turcs ne se déployait pas sur une position presque aussi belle que celle de leurs adversaires, mais elle se renfermait dans un camp qui n'avait de romain que la forme carrée et la porte prétorienne; du reste, absurdités sur absurdités. Omer-Vrione, ce fameux pacha, la terreur de la Morée, avait occupé un plateau qui ne couvrait même pas la route d'Aïdos, sa principale communication. La tranchée qui fermait le camp pouvait à peine couvrir un homme à genoux; la cavalerie eut pu la franchir; l'infection n'en peut se décrire.

« Pensant que ce point des Balkans était le plus élevé, le plus éloigné de ceux que l'ambassade de France visiterait cette année, j'ai enterré, dans le camp russe et dans le camp turc, tout ce qui me restait de pièces d'argent à l'effigie de Charles X. Il y a quinze jours, j'avais

envoyé l'ordre à MM. de La Ferronnays et de
Fitz-James (1) de venir me rejoindre ; mais le
service se fait si mal que, depuis huit jours, je
les attends inutilement.

---

(1) Ces deux officiers étaient employés au siège de Choumla.

ARCHIVES DES AFFAIRES ÉTRANGÈRES.

*RAPPORT adressé par M. le comte de Fitz-James
à Son Excellence M. le duc de Mortemart.*

« Choumla, 19/31 août.

« Monsieur le duc,

« Dans la nuit du 27 au 28, sur les 2 heures du matin,
nous fûmes réveillés par une vive fusillade qui s'entendait à
notre droite. Aussitôt, l'alarme est donnée dans tout le camp
et l'on sonne à cheval pour la division de chasseurs ; le comte
Orloff se porta avec ses seize escadrons, six pièces de canon
et un bataillon d'infanterie dans la direction du feu, et prit
position à cent toises de la redoute qui couvre les hauteurs
de notre extrême droite. Là, nous apprenons que la redoute
nº 5, la plus près de la place, vient d'être surprise par les
Turcs, et nous acquérons la triste certitude qu'elle est en leur
pouvoir. Le jour commençait à paraître, et, la fusillade re-
doublant, le général Rondzewitch envoie l'ordre au comte
Orloff de faire marcher un bataillon d'infanterie afin de s'opposer à l'ennemi, qui sortait de la redoute dont il s'était emparée pour venir attaquer la seconde. Un feu des plus vifs
s'engage alors entre les trois redoutes les plus rapprochées
du nº 5 et l'artillerie de cette dernière, que les Turcs avaient
retournée contre nous, et dont ils se servaient avec habileté.
Pendant ce temps, douze cents cavaliers environ tournaient
la gauche de notre division, et nous nous attendions à être
chargés, mais ils se contentèrent d'envoyer contre nous leurs
meilleurs tirailleurs, que la mitraille dispersa bientôt. Le feu
devenait de plus en plus vif, et les Turcs ne perdaient pas
un pouce de terrain. Alors, le général Rondzewitch envoya
deux batteries de position, l'une sur le flanc droit, l'autre sur
le flanc gauche de l'ennemi. Leur tir, combiné avec celui des

« Il y a fort longtemps que je n'avais pas de nouvelles de M. de Bourgoing; j'ai appris qu'il était à Bucharest où il vend ses chevaux pour revenir à Odessa.

---

trois redoutes, protégea l'attaque de notre bataillon d'infanterie contre celle dont l'ennemi s'était emparée, et, vers les 5 heures, un *hurrah* général nous apprit qu'elle était reprise. Les Turcs ayant eu la précaution d'emmener d'avance les six pièces qui armaient cette redoute, on ne put les reprendre. Ils ne nous laissèrent que l'ouvrage jonché de cadavres sans tête. J'entrai dans la redoute avec le général Kissileff, auprès duquel le comte m'avait envoyé, et, parmi les cent et quelques corps étendus devant nous, nous avons reconnu celui du général de Wrede, commandant la redoute; le colonel et tous les officiers qui s'y trouvaient étaient morts à leur poste. L'espace de terrain entre les quatre redoutes était couvert de morts. On estime ceux des Russes à trois cents, avec encore plus de blessés. Les Turcs enlevant les leurs avec beaucoup de soin, nous n'en avons compté que cinquante-six sur ce terrain. Dans cette journée, notre division n'a été exposée qu'aux ricochets.

« Charles de La Ferronnays, malgré l'extrême faiblesse que lui a laissée la dysenterie, est venu nous rejoindre au moment du feu le plus vif; il a fallu l'ordre exprès du comte Orloff pour le faire rentrer dans le camp.

« Dans la même journée, l'aile gauche de l'armée, sous les ordres du prince Eugène de Wurtemberg, repoussa une fausse attaque entreprise pour faire diversion à celle de notre côté. Cependant, une colonne de huit mille hommes lui échappant vers la droite, vint attaquer un convoi composé de malades et d'un parc qui n'était défendu que par un seul bataillon. Ces braves, malgré l'infériorité de leur nombre, se formèrent en carré, et, pendant plus d'une heure, couvrirent si bien le convoi qu'ils parvinrent à le conserver jusqu'à l'arrivée des renforts envoyés par le prince. Malheureusement, le plus grand nombre avait succombé dans cette lutte inégale.

« Agréez, Monsieur le duc, etc., etc. »

« L'Empereur a levé l'ancre aujourd'hui, à 4 heures, à bord de l'*Impératrice Marie*, et nous allons en faire autant ce soir. Sa Majesté m'a témoigné le désir de me voir passer par Vienne, en allant à Paris. Comme ce voyage et la conversation que j'aurai avec le duc de Mont-morency-Laval peuvent être utiles au service du Roi et ne peuvent avoir d'inconvénient, je l'entreprendrai à moins d'ordre contraire. »

L'Empereur ne resta que deux heures à Odessa, le temps nécessaire pour faire atteler ses chevaux. Il avait hâte de rentrer dans sa capitale le 14 octobre, jour anniversaire de la naissance de l'Impératrice mère (1). Il prévoyait aussi que la prise de Varna n'était pas une con-sécration suffisante des succès remportés par les Russes, pour obliger le Sultan à demander la paix.

Battues dans de nombreuses rencontres, les

----

(1)   « Saint-Pétersbourg, le 17 octobre.

« L'Empereur est arrivé dans sa capitale le 14 octobre, jour anniversaire de la naissance de S. M. l'Impératrice mère. Le lendemain, un *Te Deum*, auquel ont assisté le corps diplo-matique et toute la Cour, a été célébré, à cette occasion, dans l'église de Cazan. Sa Majesté a été accueillie par son peuple avec des acclamations d'enthousiasme et les transports de la joie la plus vive. » (**M. de Lagrené au comte de La Ferronnays.**)

troupes turques n'avaient pourtant jamais subi
de défaite dans une grande bataille ; les garnisons des places conquises avaient presque toujours obtenu des capitulations avec les honneurs de la guerre. La Porte avait donc vu ses
armées dispersées et non anéanties. Elle pouvait
facilement les rallier.

L'état-major russe, au contraire, était obligé
de reconnaître l'impossibilité d'entreprendre
une campagne d'hiver. A trente jours de
marche de sa base de ravitaillement, il ne pouvait réparer les pertes en hommes et en matériel. Les maladies sévissaient avec une telle
intensité que les régiments avaient perdu la
moitié de leur effectif. La cavalerie, si brillante
à l'entrée en Bulgarie, était presque anéantie
par suite du manque de fourrages et réduite
aux seuls chevaux cosaques (1). Si les efforts

---

(1)   « Saint-Pétersbourg, le 4/16 décembre 1828.

« Deux belles divisions de cavalerie légère étaient entrées
en ligne au commencement de la campagne. On avait cher-
ché, pour les remonter, l'apparence du cheval et une taille
beaucoup plus élevée que celle qu'on voit d'ordinaire dans
cette arme. Cette cavalerie ne tarda pas à dépérir et à se
réduire à rien, tandis que les chevaux des cosaques résistèrent à la rareté des fourrages et aux fatigues du service le
plus actif.

« L'Empereur, après cette expérience, ordonna que toute

de la diplomatie, l'esprit de modération du Tzar n'amenaient pas une entente entre les deux puissances, la guerre allait recommencer au printemps, et l'hiver devait à peine suffire pour concentrer aux pieds des Balkans les éléments d'une nouvelle armée.

L'effort à faire devait être considérable ; après l'expérience de la dernière campagne, Nicolas Ier ne voulait entreprendre la deuxième qu'avec des forces capables de répondre à

---

la cavalerie qui rentrera en Turquie serait montée sur les chevaux du Don ou de races analogues, qui, élevés en plein champ ou tirés des steppes où ils paissent l'année entière, savent trouver d'eux-mêmes leur nourriture. Cette mesure, ordonnée depuis trois mois, est déjà en pleine exécution. Sa Majesté s'est déterminée, après une demande unanime de la cavalerie, transmise au maréchal Wittgenstein, à donner la lance aux premiers rangs de tous les corps destinés à faire la prochaine campagne.

« La lance avait été adoptée dans toute la cavalerie russe après la campagne de 1812 et avait été conservée jusqu'à la revue du camp des Vertus, où l'empereur Alexandre, dans un ordre du jour, en réserva exclusivement l'usage aux uhlans et aux cosaques. Dans la dernière guerre, on en a, de nouveau, reconnu toute l'efficacité, et c'est surtout en Valachie, devant Silistrie, qu'on a pu juger quel avantage les lanciers ont sur les autres cavaliers.

« J'ai vu plusieurs fois les lanciers du général Krentz plonger dans les masses de l'infanterie turque, et les officiers attribuaient, en partie, à la bonté de leur arme la confiance avec laquelle les soldats abordaient l'ennemi. » (Le baron de Bourgoing au comte de La Ferronnays.)

l'attente « du vœu national ». Il apporta à cette
tâche la prodigieuse activité qui le caracté-
risait.

*\
* *

Le vaisseau *Le Pantaleimon*, qui transportait
l'ambassadeur de France et une partie du corps
diplomatique de Varna à Odessa, essuya une
tempête qui le mit en péril et l'obligea de se
réfugier dans le port de Sébastopol, d'où est
écrite la dépêche du 12 octobre :

« Le calme plat dont je profitais pour vous
envoyer ma dernière dépêche était trop singulier dans cette saison, sur la mer Noire,
pour ne pas nous présager quelque révolution
dans l'atmosphère. En effet, le vent contraire
du nord, qui s'était élevé dans la soirée du 15,
gagnant à l'ouest, devint pour nous vent debout
et nous contraignit à louvoyer une partie de la
nuit. Au point du jour, le vent ayant acquis
une grande violence, l'officier de quart avait
fait carguer les hautes voiles et s'apprêtait à
en faire autant des huniers et des grandes,
quand un grain des plus violents, accompagné
d'une abondante pluie, vint rendre cette manœuvre d'autant plus difficile que deux cents

de nos meilleurs matelots, restés à Varna, avaient été remplacés par une compagnie de cent marins de la Garde, d'une superbe tenue, mais plus nuisibles qu'utiles pendant une manœuvre de tempête. Le capitaine prit le commandement en personne dans ce moment; ses encouragements, la présence du capitaine de vaisseau anglais Charles A'Court, frère de lord Heytesbury, firent que les matelots redoublèrent d'ardeur dans leur opération de carguer; mais, malgré leur bonne volonté, la pluie rendait les cordages si raides qu'ils ne purent jamais en venir à bout. Déjà des poulies détachées, des cordages rompus, des lambeaux de voiles déchirées battaient et blessaient les matelots sur les vergues; la fureur du vent devint telle qu'on fut obligé de lui abandonner les huniers et les grandes voiles. Sans amures ni écoutes, elles flottaient sur les cordages, donnaient un horrible roulis au bâtiment et, en compromettant les mâts, menaçaient de nous faire sombrer. Petit à petit, fort heureusement pour nous, le vent les mit en lambeaux et nous en débarrassa, mais il entraîna, en même temps, beaucoup de cordages utiles.

« La tempête devenait affreuse; jamais les officiers et l'équipage n'en avaient vu de pareille. Le capitaine A'Court se souvenait seulement d'avoir éprouvé dans les Antilles un ouragan à peu près de cette force. On ne pouvait plus se tenir sur le pont qu'attaché par une corde; les vagues furieuses remplissaient à chaque instant la seconde batterie d'où tout le monde se sauvait, car les canons soulevés avaient déjà blessé grièvement plusieurs marins.

« Les volailles et deux bœufs furent noyés dans ces batteries. Les gros coups de mer passaient par-dessus le pont de ce superbe *Pantaleimon* de quatre-vingt-quatre canons, et y ébranlaient les chaloupes de manière à faire craindre pour les câbles qui les retenaient; 2 pieds d'eau flottaient dans les batteries, les pompes ne suffisaient plus pour vider celle qui entrait par-dessus et par-dessous. Les vagues énormes mais courtes et brisées de la mer Noire sont terribles pour les longs bâtiments, dont elles soulèvent une extrémité aux dépens de l'autre, ou les deux extrémités aux dépens du centre. Notre navire en éprouvait les effets

7.

d'une manière terrible : tout était brisé dans l'intérieur; les cabines, les chambres étaient détruites; les hamacs ne tenaient plus; nulle part on n'était à l'abri; des caisses, des meubles, des armes, des boiseries qui tombaient, roulaient, revenaient et roulaient encore. Toute la journée se passait ainsi; le soir, le vaisseau ne gouvernait plus du tout, et la tempête nous poussait avec tant de force sur la côte d'Anatolie que le capitaine calculait avec effroi que, si elle durait, nous nous y perdrions infailliblement dans vingt-quatre heures. Cette côte inhospitalière ne nous offrait aucun abri contre la tempête, et nous présentait, au contraire, une population fanatique, altérée de sang chrétien, prête à égorger ceux d'entre nous qui seraient assez adroits pour gagner la terre..

« Dans cette situation critique, quelqu'un demandant à notre brave capitaine ce qu'il y avait à faire, il lui répondit : « Nous recom-
« mander à Dieu et consulter le capitaine an-
« glais. »

« A'Court n'hésita pas à proposer d'établir une voile basse de tempête, et comme d'autres témoignaient la crainte de voir le vaisseau,

déjà si ébranlé, sombrer sous ses efforts, le
capitaine russe trancha la difficulté en annon-
çant que toutes ses voiles de tempête et toutes
ses voiles de rechange étaient restées à Varna
pour former les tentes des hôpitaux. Cet in-
croyable désappointement ne décourage pas
A'Court; le zèle de l'équipage fait le reste; de
quelques débris, on forme une voile qui, placée
à l'arrière du vaisseau, détourne un peu sa
proue de la fatale côte qui nous menace. C'est
ainsi que nous passâmes la nuit, sans lumière,
sous des torrents de pluie et de vagues, au milieu des cris des marins, du mugissement de la
mer, des sifflements du vent, du craquement
si épouvantable du vaisseau que nous pensions
à tout instant voir s'engloutir.

« Ma cabine du gaillard était devenue le refuge du prince de Hesse, du général Dornberg,
du baron de Palmstjerna et de nos gens qui se
pressaient autour de nous par attachement et
par crainte. Quoique l'eau y pénétrât de tous
côtés par les fenêtres démantibulées, la boiserie
disjointe et prête à tomber, on y était encore
mieux qu'ailleurs. Je souffrais tellement des
efforts du mal de mer que tout mon corps en

était douloureux : couché sur le dos, je donnais à mes gens des encouragements dont j'aurais eu moi-même grand besoin. Le comte de Béarn, cramponné près de moi à une fenêtre, en costume de nageur, comme plusieurs d'entre nous, ne me perdait de vue que pour examiner l'épouvantable fureur des vagues dont la disposition phosphorique donnait, pendant la nuit, à leurs sommités, l'apparence de flammes. C'est vers ce moment que ma table renversée, mon écritoire brisée et mon portefeuille déchiré ont été s'amasser dans un coin de la chambre avec l'eau qui y entrait, et j'ai perdu, entre autres papiers, des notes et des plans que j'avais réunis pour le ministère de la Guerre. La nuit avait été si obscure que ce ne fut qu'au retour du jour qu'on put avoir une idée du désordre et de l'état affreux du vaisseau. La grande poutre du gaillard, sous lequel nous étions, était brisée dans ses deux attaches, et tout le gaillard menaçait de nous écraser. Le pont, encombré de débris de toute nature, était à peine praticable pour les meilleurs matelots, dont beaucoup étaient blessés. La sainte-barbe avait été défoncée et l'impossibilité d'y porter secours avait per-

mis aux poudres de se répandre dans la cale;
mais ce nouveau danger était atténué par
l'eau qui les avariait à mesure qu'elles se ré-
pandaient.

« Toute la journée du 17 se passa dans cet
état déplorable, et nous dérivions avec la même
rapidité vers la côte d'Anatolie. Fort heureusement, vers le soir, le vent, un peu moins furieux, tourna à l'ouest. Avec tout ce qu'on put
ramasser de vieilles voiles, on en organisa
d'abord une, puis deux ou trois mauvaises qui
nous soutinrent contre le vent et nous portèrent
ensuite rapidement vers la Crimée.

« Le 18 au matin, la mer était encore dé-
montée, le vaisseau souffrait beaucoup et le
vent, qui nous paraissait modéré, nous faisait,
avec nos débris de voiles, cependant filer
12 nœuds 1/2 à l'heure; aussi, dans la matinée,
nous aperçûmes les rochers menaçants du cap
Saint-Georges et les sommités rembrunies du
cap Aïa, couronnées par la pointe brumeuse
du mont Palatha. Malgré l'aspect sauvage de
cette côte redoutable, malgré le souvenir un
peu vieux du naufrage d'Oreste, au pied de ce
même couvent de Saint-Georges, autrefois le

temple de Diane, nous la dévorions des yeux, nous l'appelions de tous nos vœux. Bientôt, dépassant le cap de Chersonèse, nous entrâmes heureusement dans le magnifique port de Sébastopol, déjà rempli de vaisseaux désemparés, échappés comme nous à la tempête.

« Il faudra quelques jours pour remettre le *Pantaleimon* en état de tenir la mer et de se rendre à Odessa, où je n'ai d'autres moyens d'arriver par terre qu'à cheval et sans effets. Je profiterai du temps nécessaire à la réparation du vaisseau pour visiter la Crimée et me mettre à même d'apprécier, du moins en partie, ce pays dont on parle tant. Ensuite, je repartirai avec le *Pantaleimon* pour Odessa et je pense que cette manière d'y arriver sera plus agréable à l'Empereur et même à nous, car il n'est pas probable que nous éprouvions une seconde tempête. Les registres de la marine de Sébastopol n'en signalent pas une pareille depuis trente ans. »

L'ambassadeur de France et sa suite profitèrent des quelques jours nécessaires à réparer « tant bien que mal » le *Pantaleimon* pour visiter rapidement la Crimée. Ils quittèrent

Sébastopol le 22 octobre, et, après trente-six heures de traversée, ils arrivèrent à Odessa. Une partie du corps diplomatique s'y trouvait encore.

Lord Heytesbury, le prince de Hesse, M. de Nesselrode unirent leurs instances pour obtenir de M. de Mortemart qu'il se rendît à Paris en passant par Vienne. La parfaite concordance de leurs vues était trop conforme aux intentions du Tzar pour que l'ambassadeur ne se décidât pas à suivre cette route.

Le représentant de la France « crut convenable et profitable que le duc de Mortemart eût une entrevue avec le prince de Metternich ». Celui-ci en conserva « la plus favorable impression ».

« Il prévoit, écrit le duc de Montmorency-Laval au comte de La Ferronnays, d'heureux résultats des franches explications dans lesquelles il est entré en présence de cet ambassadeur. Il m'a beaucoup remercié de le lui avoir amené. En un mot, le succès du duc de Mortemart a été complet, non seulement auprès de ce cabinet, mais auprès des ambassadeurs de Russie et d'Angleterre. »

Le résultat de cette nouvelle mission était bien réellement un succès.

On sait quels sentiments hostiles animaient l'Autriche contre la Russie. Or, l'Autriche, qui encourageait la Porte à continuer la lutte et se flattait que le rôle de médiateur lui écherrait, allait observer, dans la nouvelle campagne, la plus stricte neutralité.

Il existait entre la Russie et l'Angleterre trop de points de contact, d'intérêts opposés, pour que l'orgueil de l'une et la susceptibilité de l'autre n'amenassent pas réciproquement aigreur et méfiance. Ce dernier sentiment perçait principalement dans la sévérité que la censure impériale déployait, depuis quelque temps, à l'égard des journaux anglais. Le cabinet de Saint-James, aussi inquiet des victoires du général Paskéwitch en Asie que de l'invasion de la Turquie d'Europe, s'engageait dès lors à ne pas entraver les opérations des armées russes qui, d'un côté, rapprochaient la Russie de la route des Indes, de l'autre, faisaient craindre pour l'influence et les intérêts commerciaux anglais dans la Méditerranée et la mer Noire.

Ainsi, « la guerre se trouvait abandonnée aux

chances ordinaires de celles qui ont lieu fréquemment entre les Turcs et les Russes, sans que la paix de l'Europe en ait été troublée (1) ». L'ambassadeur avait servi la politique de la Russie autant que le général avait contribué au succès de ses armées.

Le Tzar reconnut, de la façon la plus flatteuse, les services du duc de Mortemart (2), lorsque celui-ci rejoignit son poste au mois de mars 1829. Il l'accueillit, à sa première audience, en l'appelant son *camarade de camp*, et « le conduisit chez l'Impératrice et ses enfants comme un simple particulier (3) ». Enfin, pour donner à l'ambassadeur du roi Charles X une preuve exceptionnelle de ses sentiments, Nicolas Ier lui fit remettre le grand cordon de l'ordre de Saint-André, auquel était jointe cette lettre :

« En vous revoyant près de moi, Monsieur le duc, mon premier besoin a été d'ajouter au

---

(1) Le duc de Montmorency-Laval au comte de La Ferronnays.

(2) Le duc de Mortemart fut nommé lieutenant général par ordonnance royale du 24 décembre 1828.

(3) Le duc de Mortemart au comte de Portalis, ministre des Affaires étrangères.

plaisir de vous exprimer tous les sentiments que vous m'avez inspirés à si juste titre celui de vous en offrir un éclatant témoignage.

« Représentant d'un monarque qui m'a donné tant de preuves de son amitié, plein d'une noble sollicitude pour les intérêts de votre patrie, et heureux de les concilier avec l'union qu'un traité solennel a cimentée et qu'indiquait, du reste, une politique à la fois sage et généreuse, vous avez obtenu des droits imprescriptibles à mon affection et à mon estime.

« Le cordon de Saint-André, que je vous envoie, vous attestera l'une et l'autre. Qu'il en dèvienne le gage à vos yeux, et qu'il serve à vous prouver, Monsieur le duc, combien sont sincères la considération et l'attachement dont je me plais à vous réitérer l'assurance. »

COURSE DANS LA PARTIE MÉRIDIONALE DE LA CRIMÉE

faite les 19, 20, 21 et 22 octobre 1828

PAR LE DUC DE MORTEMART (1).

L'amiral Patiniotty, qui commande à Sébastopol, nous ayant dispensé de la quarantaine, et m'ayant assuré que le *Pantaleimon* ne pourrait remettre en mer que le 22 dans la nuit, j'ai mis ces jours à profit pour visiter le midi de la Crimée et ses établissements.

Sébastopol est un port dont on a des levés trop exacts pour que je m'arrête à en faire ici la description; mais on a une trop haute idée de ses établissements maritimes et de ses fortifications. Du côté de la mer, il est bien défendu. Du côté de la terre, il est entièrement ouvert; et la citadelle ou forteresse très faible qui le domine, bâtie au nord de la rade, ne pourrait mettre la flotte à l'abri d'un coup de main du côté de la terre.

____

(1) *Arch. Aff. étr.*

La ville renferme deux belles casernes toutes neuves pour les matelots, un hôpital bien tenu pour cinq cents malades, des ateliers pour la réparation des vaisseaux, et deux cales où l'on peut construire, sur l'une une frégate de trente-six à quarante, et sur l'autre une corvette. Ce petit chantier est établi pour occuper les ouvriers de la marine et les marins pendant l'hiver, et employer les bois qu'on tire des montagnes de la Crimée. Ces bois, dont j'ai été visiter les plus beaux, paraissent d'une bonne nature, mais sont d'un très faible échantillon, et certainement la presqu'île n'en contient pas d'assez forts pour construire une frégate, ainsi qu'on me l'assurait. Il n'y a pas d'administration régulière pour veiller à la conservation de ces bois, dont la plupart appartiennent à des particuliers avides ou insouciants; aussi sont-ils exploités d'une manière qui en assure la destruction d'ici à un demi-siècle au plus.

Le 19, ayant employé ma journée à visiter les établissements dont je viens de parler et la ville qui renferme, indépendamment des militaires, quatre à cinq cents habitants, le 20, au point du jour, je suis parti, sur un petit et

excellent cheval tartare, accompagné du comte
de Béarn et de quelques officiers attachés au
corps diplomatique. Nous avions des guides
tartares, un capitaine et quelques soldats du
régiment grec pour escorte.

Après avoir longé les ruines de l'ancienne
Chersonèse pendant six ou sept verstes et traversé douze verstes du pays le plus aride et le
plus nu, nous arrivâmes au couvent de Saint-
Georges dont l'église, bâtie sur le cap de ce
nom, à l'emplacement de l'ancien temple de
Diane, a encore conservé dans sa forme un
caractère d'antiquité. La verdure qui l'entoure,
les fontaines qui l'arrosent au milieu de l'âpreté
de la contrée voisine, et parmi le chaos de rochers élevés que la mer bat sans cesse avec fureur, donnent à ce site un caractère bien propre
à monter l'imagination, et le voyageur le plus
froid peut, sans effort, y placer la fiction
d'Oreste et d'Iphigénie. Du cap Saint-Georges,
par un pays toujours aussi nu, après douze
verstes de chemin, on trouve le petit et remarquable port de Balaclava. Son entrée est assez
large pour donner passage au plus fort vaisseau
de guerre; il en peut contenir une douzaine au

plus, mais si commodément que, d'un vaisseau à trois ponts, on pourrait descendre avec une planche sur le quai naturel que forme le rocher. Ce port, si séduisant au premier aspect, a trois graves inconvénients : l'entrée en est difficile pour les gros vaisseaux, le roulis y est violent par les vents du sud, et le ver de mer, rongeur des bois, y pullule d'une manière inconcevable.

L'entrée du port est défendue par une batterie rasante de quatre pièces. A gauche, sur des rochers de l'aspect le plus pittoresque, on admire les ruines d'une vaste forteresse génoise dont la construction hardie rappelle le caractère de cette ancienne république. Encore à gauche et au delà de l'ancienne forteresse se présente une singularité naturelle propre à faire naître bien des conjectures.

La vieille forteresse génoise est construite sur une montagne calcaire, semblable à toutes celles de la côte; le promontoire qui forme le cap Aïa est également de nature calcaire, et cependant, dans la vallée qui les sépare, on voit une masse énorme de basalte qui forme elle-même une montagne volcanique dont les deux

versants de lave regardent ceux calcaires de la
forteresse et du cap.

Si maintenant l'on compare la direction, la
structure, la forme, la nature du sol, le climat
et les produits du Balkan avec ceux des montagnes de la Crimée, on doit reconnaître qu'il
y a identité sous tous les rapports et que c'est
probablement la même chaîne de montagnes.
Comment le cap Eminéh (*hoemi extrema*)
vient-il terminer, à pic sur la mer Noire, le
mont Balkan, en face du cap Saint-Georges, le
Parthenium de Strabon, qui commence, sous
la même forme, les montagnes de Crimée
à cent vingt lieues dans l'est? Est-il probable
que cent vingt lieues de montagnes volcaniques,
dévorées à la fin par le feu, se soient affaissées,
pour donner passage à la mer Noire, et, en sé-
parant la Crimée de la Bulgarie, lui voir former
le grand golfe dont Odessa occupe le fond?
L'apparition volcanique qui tombe dans la baie
de Balaclava m'a suggéré cette idée que je livre
en toute humilité aux savants.

Balaclava n'est qu'une bourgade de sept
à huit cents âmes, bâtie le long du port et
peuplée, en grande partie, de Grecs de la Morée,

qui furent colonisés par l'impératrice Catherine dans cette partie de ses conquêtes. Ils occupent, outre Balaclava, sept villages des environs, où ils cultivent quelques parties de vignes et des jardins; ils élèvent aussi des bestiaux et ont d'assez beaux troupeaux de chèvres. Cette colonie grecque entretient un régiment de cinq cent cinquante hommes, formant un bataillon dont le colonel et l'état-major demeurent à Balaclava.

Le colonel Révélioty, qui le commande, est aussi gouverneur de Balaclava. C'est un vieux guerrier respectable par son caractère, ses services et ses belles actions. Sa noble tournure militaire, la régularité de ses traits, relevée par le costume grec-albanais, me prévinrent en sa faveur; il me donna l'hospitalité à l'antique et je la reçus en homme affamé.

Les soldats grecs doivent servir quatre ans et la colonie est obligée d'entretenir un bataillon de cinq cent cinquante hommes; mais comme le nombre d'hommes en état de porter les armes ne peut produire cette proportion, les soldats restent jusqu'à douze et quatorze ans sous les drapeaux. Ils le font volontiers, étant

libres de demeurer dans leurs établissements
de colons hors le temps d'un service ordinairement fort doux, et pour lequel ils reçoivent
vingt-sept roubles-papier par an et le pain.
Avec cette somme, ils doivent s'entretenir et
s'armer. Leur costume demi-albanais est com-
mode pour la guerre et pittoresque. Il se compose d'un casque léger en cuir sans cimier,
d'une veste ronde verte, avec collet et pare-
ments rouges, et d'un large pantalon écarlate
fermé en bas par des petites bottes. Pour équi-
pement, ils portent une large ceinture ornée de
divers maroquins. Cette ceinture supporte deux
boîtes en métal, qui sont mobiles au moyen de
passants, et que le soldat, suivant les circonstances où il se trouve, peut placer autour de
son corps dans toutes les positions les plus
commodes pour prendre vivement les cartouches qu'elles renferment, au nombre de vingt
dans chaque boîte. Indépendamment de ces
boîtes, la ceinture porte un long pistolet à la
turque à gauche, un couteau-poignard à droite,
et tous les petits ustensiles nécessaires aux soldats, tels que pierres à feu, tournevis, etc.
L'armement est complété par un sabre et un

fusil sans baïonnette, qu'ils manient à l'albanaise.

Les grades se distinguent par des galons d'or qui ornent le collet et le devant de la veste. Les sous-officiers en portent un petit au collet; les officiers, un ou plusieurs suivant le grade, sur le devant. Il n'y a pas de boutons; tout l'habillement est agrafé. Ce régiment grec, réorganisé par le duc de Richelieu, il y a près de quarante ans, a rendu plusieurs fois des services à la Russie; il s'est particulièrement distingué en 1810, dans l'expédition malheureuse que cette puissance tenta contre Trébizonde. C'est là que le colonel Révélioty protégea le rembarquement des Russes avec son régiment et que, blessé grièvement par deux coups de feu, il combattait encore, porté sur le dos d'un vigoureux soldat obligé de marcher dans la mer avec de l'eau jusqu'à la ceinture.

Les soldats grecs contrastent singulièrement avec les soldats russes par leur vivacité, leur souplesse et leur adresse. Ils montent tous à cheval et font d'excellents dragons au besoin.

Ayant passé la nuit chez le colonel Révélioty, au point du jour il me remit une note sur

sa sœur Hélène, son beau-frère Coroni, ses
deux neveux et ses deux nièces, qui avaient été
pris dans leur propriété, près de Tripolitza, par
Ibrahim-Pacha, et renvoyés par ce musulman
en esclavage en Egypte. Après avoir donné à
ce malheureux parent les consolations et les
espérances que les événements du moment
m'inspiraient, j'acceptai le vin de l'étrier qu'on
me présentait, et je bus au succès des armes
françaises et grecques réunies en Morée. L'at-
tendrissement des Grecs devint général; le
vieux guerrier, fondant en larmes, se jeta sur
moi, et, collant ses lèvres sur la plaque que,
seul (1), j'ai toujours portée sur mon cœur, il
me serrait avec étreinte, en me disant : « Que
le Saint-Esprit vous anime toujours et qu'il
dirige nos nobles et généreux libérateurs. »

Au sortir de Balaclava, en marchant à l'est,
les montagnes commencent à s'élever; elles
sont encore arides et dépourvues de bois, ex-
cepté dans quelques petites vallées; mais, au
bout de quinze à vingt verstes, on commence à

---

(1) D'après l'ordre de l'Empereur, tout le monde avait ôté
ses plaques devant l'ennemi; je déclarai que les chevaliers
des Ordres du Roi ne pouvaient quitter la leur.

descendre dans la jolie vallée de Baïdara, dont le village du même nom se rencontre à sept verstes plus loin. Ici, la culture et la végétation du fond de la vallée sont assez belles; le flanc des montagnes présente partout ou un rocher nu ou des broussailles rabougries. La culture, en ce qui tient aux hommes, est misérable, mal entendue et d'un très petit rapport; les vignes elles-mêmes, qu'on prise beaucoup, sont mal entretenues et le vin est très mal fait. Quels que soient les perfectionnements qu'on apporte plus tard à cette fabrication, je ne crois pas que les vins de la Crimée puissent jamais faire tort à nos vins de France; mais, ce dont je suis sûr, c'est qu'ils ne rivaliseront jamais de qualité avec eux.

Ayant changé de chevaux à Baïdara, notre guide et nos Grecs partirent au grand galop, et tous nos efforts pouvaient à peine empêcher l'ardeur de nos chevaux tartares de les dépasser : je convins à ma honte, comme vieux cavalier, que pendant les deux cent vingt verstes environ que j'ai faites sur ces enragés petits chevaux, j'ai été emporté pendant deux cents verstes; mais je dois dire aussi que, dans les montées

les plus raides comme dans les descentes les
plus escarpées et les plus rocailleuses, ils ne
m'ont jamais fait un faux pas. J'étais parti de
Baïdara pour visiter des forêts dont les arbres
m'avaient été tant vantés et pour voir, de la
hauteur escarpée qui domine, le passage curieux
des Echelles : ce qu'on appelle la Provence de
la Crimée. Ce canton n'est qu'une langue de
terre formée par le dernier versant sud des
montagnes du côté de la mer. Sa plus belle partie, depuis le cap Aïa jusqu'au cap Aïtodor, a
cinq ou six verstes de large sur trente de long ;
l'autre partie qui, du cap Aïtodor, court au nord-
est jusqu'à Aloutcha, pour ensuite se diriger à
l'est vers Soudah et finir avant Caffa sur la
même largeur, a quatre-vingts verstes de côtes ;
moins bien exposée, ses produits sont moins
beaux. Dans la première partie surtout, on ré-
colte du vin légèrement muscat, un peu d'huile
d'olives assez bonne, des figues et des fruits. La
petitesse de ce canton, heureusement préservé
de la bise qui désole ces climats, ne permettra
jamais à ces produits de devenir importants :
je crois que, dans ce moment, ils coûtent plus
à leurs propriétaires qu'ils ne leur rapportent.

8.

La vue du paysage des Echelles est superbe, et ce lieu est un des plus pittoresques du monde ; mais il faut tâcher de le voir en été, sans cela le froid y est excessif et le vent, engouffré dans le défilé, est insupportable. Les douze verstes qui séparent Baïdara des Echelles traversent la plus belle forêt de la Crimée. Le bois y est touffu partout, vigoureux généralement, mais il ne prend d'élévation que dans les fonds. L'essence en est très mêlée ; le chêne domine ; les grosses pièces sont déjà rares et les plus fortes ne portent guère que de quinze à vingt pouces d'équarrissage sur trente pieds de longueur. Voilà tout ce qui peut alimenter les constructions de la marine, il est vrai en bonne qualité. Ce produit ne durera pas longtemps si l'on ne s'empresse pas de venir au secours de la nature qui le donne. Ces bois sont exploités en toute saison, coupés à deux et trois pieds de terre, et livrés à la voracité de tous les bestiaux, particulièrement des moutons et des chèvres, dont le seul suint suffit pour arrêter la végétation.

De retour à Baïdara, village tartare de quatre à cinq cents âmes, nous mangeâmes chez le chef un repas préparé par nos soldats grecs. Avant de repartir, je fis présent à deux petites filles, dont les beaux yeux noirs me donnaient assez d'envie de voir ceux de la mère, quelques pièces d'argent bien brillantes. Elles furent les porter dans une salle basse, harem du Tartare, à une femme dont je vis la main les prendre, et comme faire signe aux enfants d'en aller chercher d'autres. Encouragé par l'absence de tous les Tartares occupés aux chevaux, je m'approche de la porte entr'ouverte et je fais briller le plus beau rouble d'argent; la même main s'avance pour le saisir, je le retire doucement. Alors une femme d'une jolie tournure, grande, avec les plus beaux cheveux noirs partagés en tresses flottantes, s'avance à moitié hors de la porte, en se cachant le visage de ses deux mains. Enfin le pernicieux métal produit son effet; tandis que d'une main elle veut le saisir et de l'autre relever sa robe pour me cacher ses traits, elle découvre un délicieux visage, dont la fraîcheur m'étonne encore plus que la finesse de ses traits et l'admirable beauté de ses yeux noirs. Elle saisit la pièce en éclatant de rire, et se retire aussi gaiement que moi, satisfait d'avoir vu et de ne l'avoir pas été par mes hôtes les Tartares.

Tout en cheminant sur nos nouveaux chevaux, je réfléchissais à la susceptibilité, à l'insouciance et à la paresse de ces Tartares. Je pensais à la vie monotone et triste de leurs femmes, dont ils pourraient si facilement embellir l'existence en donnant plus de charme à la leur, et j'étais triste. Bientôt la nuit arrive, la lune se lève et augmente l'aspect sévère des sites qui nous environnent. C'est à sa lueur que nous traversons le défilé de Mangoup, que suit dans toute sa longueur un torrent, bordé de chaque côté, à une hauteur prodigieuse, par deux rochers à pic, qui imitent parfaitement une longue muraille flanquée de tours carrées. C'est aussi au clair de la lune que nous apercevons les ruines de Mangoup-Kali, vieille forteresse d'origine mal connue et qu'habitaient autrefois les juifs Caraïtes, retirés aujourd'hui à Tchifout-Kali. Après trente verstes d'une route de montagne, dont plus de vingt se font parmi des rochers nus, aussi curieux dans leur direction variée que bizarres dans leurs formes, nous arrivâmes au milieu de la nuit, sans le

moindre accident grâce à la bonté de nos chevaux, dans le village de Karalesse. Un prince
tartare nous y avait fait préparer une maison,
uniquement destinée à recevoir les étrangers.
Elle se composait de deux pièces glaciales sans
autres meubles que des bourkas étendus sur le
plancher autour des chambres. Ces bourkas
sont des peaux de chèvres préparées d'une certaine manière avec tout leur poil. Si un Tartare
ou un Cosaque possède deux bourkas, l'une
pour étendre sur des piques et se former ainsi
un *palais* d'été ou un *palais* d'hiver, l'autre
pour se coucher dessus, ou s'envelopper dedans
suivant la saison, on peut dire qu'il jouit de
toutes les délices d'un homme aussi bien logé
que meublé. Craignant de passer la nuit sur un
rocher, dans mon manteau, je trouvai le gîte excellent, surtout quand un bon brasier fut établi
dans un large foyer. Le souper, composé d'eau
chaude qu'on appelle thé, avec infiniment peu
de sucre et pas de lait, m'eût paru par trop
léger, ainsi que le déjeuner semblable du lendemain, si nos soldats grecs n'avaient pas par-
tagé leur pain avec nous.

Karalesse, village de trois à quatre cents

âmes, situé dans une vallée étroite, mais fertile
et bien arrosée par un très gros ruisseau, serait
un endroit charmant dans des mains intelli-
gentes; à peine si aujourd'hui le cours d'eau,
qui offre les chutes naturelles et les plus commodes, est utilisé, une seule fois, pour faire
tourner un moulin dont la construction n'est
pas l'enfance, mais le berceau de la mécanique.

Je ne vis pas le prince tartare, renfermé dans
son harem; mais un imbécile, qui passe pour
le saint de la maison, nous visita tout le temps
qui ne fut pas consacré par nous au sommeil.

De Karalesse, pour nous rendre à Tchifout-
Kali, nous traversâmes vingt-cinq verstes de
montagnes basses, arrondies, mais pierreuses,
incultes et arides; c'est le dernier versant du
mont Palatka ou Tchutir Dagh, point culminant
de la Crimée, que j'ai estimé à l'œil pouvoir
s'élever de huit cents à mille toises au-dessus du
niveau de la mer; il était déjà couvert de neige.

Tchifout-Kali est l'ancienne forteresse des
kans tartares, et ne présente rien de génois,
ainsi qu'on le dit dans la Russie. Sa position,
des plus fortes, est probablement unique dans
le monde. C'est une presqu'île de terre unie,

entourée de rochers à pic formant une excel-
lente muraille, avec des saillants naturels qui
la flanquent. Vers la seule entrée de cette presqu'île, fermée encore par un ravin naturel, la
muraille de rocher a plus de cinquante pieds de
hauteur; au nord de la ville, je l'estime, terme
moyen, à six cents pieds et, au midi, à deux
cents. Du côté du ravin qui ferme la presqu'île,
la ville est défendue par une vieille muraille
flanquée de tours carrées : ce front a environ
quatre-vingts toises. La ville, formée de maisons basses et de rues étroites pavées par le
rocher naturel, n'est ni tartare, ni russe. Elle est
caraïte et renferme de quinze cents à deux mille
juifs de cette secte qui rejette les traditions et
le Talmud pour suivre le texte primitif de
l'Ecriture. C'est une race d'hommes superbes,
très propres et nullement fripons comme les
autres juifs; ils se livrent tous au commerce,
honorablement. Leurs femmes sont char-
mantes; mais, passé douze à quinze ans, elles
se cachent avec presque autant de soin que les
femmes tartares.

A la porte de Tchifout-Kali, dans une vallée
étroite et profonde à l'abri de tous les vents, on

découvre une futaie de chênes et de hêtres magnifiques, aussi vieux que le sol qui les porte. Leur belle verdure contraste singulièrement avec l'aridité des montagnes rocailleuses qui les entourent. Sous leur magnifique ombrage sont placés tous les tombeaux des Caraïtes, quelques-uns recherchés, tous soigneusement entretenus, ce qui rend, depuis tant d'années, leur nombre infini.

Ce site magnifique, que les Caraïtes appellent leur vallée de Josaphat, n'a rien de triste. Il inspire une douce mélancolie, en rappelant à l'âme sa dernière et sublime destination, quand, après tant de tempêtes pour les uns, et une vie si calme pour les autres, nos cendres étant placées dans un lieu plus ou moins semblable, nous irons tous réclamer l'infinie miséricorde de la divine Providence.

De Tchifout-Kali en suivant un ravin profond, bordé de murailles de rochers plus ou moins irrégulières, on passe devant le couvent grec de la Vierge, creusé dans le rocher et situé de la manière la plus pittoresque, à plus de trois cents pieds au-dessus du chemin. Après quatre verstes sur ce même chemin, on arrive à la

ville de Baktchisaraï, l'ancienne capitale et rési-
dence des kans tartares.

Cette ville qui, dit-on, renfermait cinquante
à soixante mille habitants du temps des kans,
n'en contient que six mille aujourd'hui, tous
Tartares, sauf les autorités russes. Sa situation,
longeant une vallée bien plantée et bien arrosée,
est agréable; les rochers qui couronnent les
hauteurs voisines sont si bizarres qu'on en
pourrait prendre plusieurs pour des idoles
sculptées de mains d'hommes.

Je pus descendre, avec ma suite, dans la
cour du palais des anciens kans où les autorités
de la ville me reçurent, et je ne puis exprimer
la sensation de repos, de calme et de fraîcheur
que m'inspira la vue de ce monument oriental.
Il est entouré, du côté de la ville, par un large
fossé dans le fond duquel coule un ruisseau
d'eau limpide. On y entre par une porte co-
chère voûtée de style mauresque, qui supporte
un pavillon du même genre, et se lie des deux
côtés à l'ensemble de l'édifice, dont tout le caractère est mauresque-asiatique, si j'ose m'exprimer ainsi. Les restaurations que l'empereur
Alexandre a ordonnées dans ce palais, en en

suivant avec une scrupuleuse exactitude les
formes, les ornements et les couleurs, se pour-
suivent avec un soin qui laisse à toutes les parties restaurées l'intérêt de l'antique. Voici comment je l'ai visité. Le corps de logis qui donne
passage à la voûte par laquelle nous sommes
entrés dans la cour contient ses plus beaux
appartements au premier; je n'ai pas bien su
en deviner l'usage. Ils sont commodément distribués, décorés d'une manière bizarre, mais
fraîche et agréable; partout les couleurs vives
et tranchantes dominent. En tournant dans l'aile
droite qui forme un angle obtus avec le premier
corps de logis, on entre dans les appartements
du Kan. Ils sont spacieux et mieux décorés que
les autres; l'or y domine. De sa chambre à coucher, par un couloir secret, le prince pouvait,
sans être vu de personne, se rendre dans une
jolie tribune d'où il voyait et entendait tout ce
qui se passait dans son divan. Cette salle de
réunion, située au rez-de-chaussée, est spa-
cieuse, d'une belle forme, richement décorée, et
porte le caractère convenable à une assemblée
grave. De cette même tribune, le Kan donnait
ses ordres à ses conseillers. A la suite de ces

appartements, dans un pavillon en saillie sur la cour principale, se trouve le cabinet d'or, conservé intact tel qu'il était du temps des kans. De trois côtés de ce réduit charmant sont des fenêtres mauresques très historiées, en verres de couleurs où l'or brille à foison, ainsi que sur le plafond. Un divan couvert de tapis et de coussins règne autour de la pièce ; on y voit encore une horloge de bois, un calendrier perpétuel, les jardins de Constantinople en relief, sous verre, et d'autres meubles antiques. Le Kan recevait quelquefois, dans ce cabinet, ses favoris, mais il était particulièrement destiné au plaisir de fumer pendant le bain des femmes.

Au pied de ce pavillon existe un petit jardin très soigné, entouré de vignes à l'italienne. A l'extrémité et en face des fenêtres du cabinet, sous un kiosque élégant, jaillit une belle fontaine qui, tourmentée par des conduites en marbre, vient, en bouillonnant, remplir un grand bassin de marbre blanc préparé pour les bains du harem.

Pendant les chaleurs, au frais dans son cabinet, étendu sur de riches tapis et des coussins moelleux, le Kan, fumant tranquillement sa pipe, voyait, sans se déranger, ses femmes jouer et folàtrer dans l'eau ; il pouvait même au besoin les encourager du geste et de la voix. Quand lui-même, poursuivi par la chaleur, voulait se rafraîchir, il descendait au rez-de-chaussée dans ses appartements de marbre, où des fontaines jaillissantes, d'une eau limpide et fraîche, entretenaient la plus agréable température. Tous ces appartements, habilement calculés, décorés et meublés pour le climat, devaient être délicieux à habiter.

Derrière cette aile du palais se trouvent les jardins du harem avec des pavillons destinés à prendre le sorbet ou le café, tous embellis et rafraîchis par des fontaines jaillissantes de différents effets. Vers le milieu du principal jardin, fermé comme les autres par de hautes murailles, s'élève le palais des femmes, entouré de larges balcons couverts et décorés à la mauresque, où ces dames venaient respirer l'air. L'intérieur de ce petit palais est dans le même style que celui du Kan. Les cuisines et les offices se trouvent placés dans des pavillons séparés.

A l'angle du jardin qui renferme le harem, du côté de la grande cour du palais, s'élève, à

une grande hauteur, une sorte d'énorme co-
lombier couronné par un kiosque élégant. On y
monte intérieurement par un escalier tournant
et l'on aurait, des fenêtres qui l'entourent, une
vue magnifique sur le palais, la ville et tout le
pays, si les grillages qui obstruent ces fenêtres
étaient un peu moins serrés. C'est là que les
femmes du Kan venaient pour se récréer à la
vue des divertissements, exercices, revues, ré-
ceptions et cérémonies que leur auguste époux
embellissait de sa présence. Sans les malheureux grillages qui obstruaient le jour, elles en
auraient pu saisir agréablement toutes les parties ; mais la crainte de laisser voir, à cent pieds
d'élévation et à travers un voile, le bout du nez
d'une de ses femmes, ne permettait pas au Kan
d'accorder à leur curiosité de plus grandes ouvertures.

La grande cour du palais est terminée par
une jolie fontaine mauresque. En face l'aile des
appartements du Kan, et en pendant de ce bâtiment, se trouve une grande et belle mosquée
carrée pour le service ordinaire. Deux autres,
rondes, fort jolies, avec dômes en pierre qui
servaient et sont encore la sépulture des kans,

viennent à la suite de la première sur la colline ;
un peu plus loin, en dehors de l'enceinte du
palais, on découvre le très beau tombeau en
rotonde d'une chrétienne, sultane favorite de
Krim Ghirei, prédécesseur de Shahin Ghirei,
dernier kan de Crimée. On dit que cette chrétienne était une Polonaise de la famille de Potocki.

La tribune de la grande mosquée, précédée
d'une salle d'attente, communique avec le premier corps de logis par des galeries en balcon ;
on y arrive également de la cour principale par
un escalier. Les deux mosquées rondes, destinées aux sépultures, sont renfermées dans un
jardin qui servait de cimetière pour la famille
des kans, et où l'on voit encore beaucoup de
tombeaux des Ghireis, branche des Osmanlis.
Entre la grande mosquée et le premier corps
de logis sont encore des petits appartements
qui suivent en retour, jusqu'au-dessus de la
porte d'entrée, et se lient ainsi avec les premiers que nous avons parcourus. Ces petits
appartements, toujours agréablement décorés
et distribués à l'orientale, sont un peu meublés
à la moderne, pour l'usage de l'Empereur,

quand il vient visiter cette partie de son immense empire.

Enfin, au-dessus de la porte d'entrée de ce
singulier palais, un grand cabinet, disposé pour
cet usage, recevait le Kan toutes les fois que
ce prince, seul ou en compagnie, voulait se donner le spectacle d'un supplice. La victime ou le
coupable était amené sur une place, entre le
fossé du palais et la rue principale de la ville,
et là, les verges, les fers chauds, le couteau, la
roue, le pal ou le plomb fondu amenaient le
dénouement de ces horribles drames.

La vue de ce palais, la description, pour
ainsi dire vivante, des mœurs de ces fameux
princes tartares, m'avaient vivement intéressé.
Il était onze heures. Depuis cinq heures du matin, nous étions à cheval, ayant parcouru plus
de trente-cinq verstes au galop. L'air était vif,
et les pertes faites par nos estomacs, sur le *Pantaleimon*, les jours précédents, durant la tempête, obligeaient la nature à réclamer impérieu-
sement ses droits.

Nous mourions de faim près des gâteaux et
des fruits que nous apercevions dans les bou-
tiques de la ville ; je voulais absolument m'en

procurer; mais mon capitaine grec m'assura que ce serait blesser vivement le noble seigneur chef des Tartares qui m'attendait pour déjeuner.

Nous nous acheminons donc vers l'hôtel de ce seigneur et nous arrivons, par une rue étroite et sale, à une obscure petite porte dans un mur délabré. Nous traversons une vilaine cour encombrée de bois, de gravats et de masures qui m'inspirent les craintes les plus sérieuses pour la nature du déjeuner. Mais, après avoir passé une seconde petite porte, nous découvrons dans un joli jardin un porche orné de pampres à la manière orientale, et, derrière une légère colonnade, une maison fort propre. Le noble Tartare, qui était venu seul au-devant de moi, retrouva là tous ses serviteurs mâles. On nous fit entrer dans un salon de goût mauresque, couvert de tapis et de coussins, drapé avec profusion par des schalls, des mousselines dorées et d'autres étoffes dont l'effet général était fort agréable. Chez les Tartares d'un rang moins élevé, ces draperies de la salle d'apparat sont ordinairement formées avec les étoffes de la corbeille de la femme. Force nous fut de nous mettre à croupetons sur des tapis autour d'une table ronde, élevée de six pouces au-dessus du plancher. Cette manière de manger et d'être assis, avec notre costume serré et nos bottes à éperons, est insupportable ; aussi, ce repas mit-il plusieurs personnes hors d'état de remonter à cheval.

Après les compliments d'usage, notre hôte disparaissant, nous nous attendions à voir entrer ce repas tant désiré. Une demi-heure se passe ; chacun était plus ou moins tourmenté par les crampes, quand on apporta des pipes. A cette vue, la faim redouble, et ses plaintes devenaient presque séditieuses, lorsqu'après un quart d'heure arrive le café noir sans sucre. On fait contre fortune bon cœur ; mais le courage manque à chacun, au bout d'un autre quart d'heure, en voyant reparaître les maudites pipes. Enfin, au bout d'une grande heure d'attente, ce festin, dont le besoin se fait si vivement sentir, commence ; sa description serait trop longue à écrire ; mais l'ordre en fut trop remarquable pour que je n'en donne pas le menu divisé en actes et en scènes, comme il nous fut servi.

Afin d'abréger, je ferai observer que chaque plat représente une scène et que ce que je viens de décrire formait le premier acte.

9.

MENU D'UN FESTIN TARTARE, TRADUIT EN FRANÇAIS

Acte 1ᵉʳ. — Pipe (*après un quart d'heure*), café noir sans sucre (*après un autre quart d'heure*), encore pipe.

Acte 2ᵉ. — (*On est en scène depuis une heure*). Caviar, fromage, poisson cru, beurre, pain chaud; (*pour boisson*) racki.

Acte 3ᵉ. — Soupe d'herbe à la poule au riz, compote de coings et de piments aux côtelettes de mouton, friteau de poulet au raisin et au maïs, choux farcis de hachis de mouton au riz, pilaf tartare, rôti de mouton aux concombres salés; (*pour boisson*) vin de Crimée.

Acte 4ᵉ. — Melons d'eau rouges, idem verts, idem jaunes, raisins, miel; (*pour boisson*) vin blanc.

Acte 5ᵉ. — Pipe, café et pipe.

N. B. — Les deux premières scènes du troisième acte n'étaient pas cuites, toutes étaient fort dures.

Le quatrième acte était excellent.

Nous fûmes servis, pendant le repas, avec

beaucoup de soins et d'attention, par des Tartares qui, lorsque nous avions le malheur de
dire que quelque chose était bon, en prenaient
à pleines mains dans le plat pour en charger
nos assiettes; cependant, on avait eu l'extrême
recherche de nous donner des fourchettes.
Notre hôte nous présenta son fils, un garçon
charmant; quant aux femmes, elles restèrent
entièrement cachées. Celles que nous rencontrâmes dans les endroits écartés de la ville
étaient tellement voilées qu'on ne pouvait découvrir la couleur de leurs yeux. Leurs grandes
robes blanches, leurs manteaux, leurs voiles,
de la même éblouissante blancheur, auraient
pu les faire prendre pour des fantômes, ou des
âmes coupables, car elles fuyaient à notre
aspect comme à celui d'un maître sévère.

Les chevaux nous attendaient à la porte de
notre hôte. Ayant pris congé de lui et de sa
maison convenablement, je m'apprêtais à remonter à cheval, quand les lamentations de
ces messieurs m'apprirent les désastres de
l'accroupeton du repas et les ravages des selles
tartares. On fit amener deux telcks (charrettes
tout en bois) avec de la paille, pour les plus

maltraités. Le comte de Béarn qui, par hasard, avait une mauvaise selle à bord du *Pantaleimon*, qu'il m'avait prêtée pour faire cette route, ne voulut plus s'exposer au supplice du pal de la selle tartare, et monta en telck. Mon cheval m'emporta, comme à l'ordinaire, de Baktchi-saraï à Dourakoi, et celui qu'on me donna à ce dernier relais me conduisit encore plus vite à Sébastopol ; de manière que je fis ces trente-cinq verstes de montagnes en moins de trois heures.

Avant de traverser la baie pour rentrer en ville, je visitai la citadelle. C'est une grande redoute bastionnée de cent cinquante à deux cents toises de face, d'un faible profil avec escarpe et contrescarpe revêtue en maçonnerie, sans ouvrages avancés. Les batteries de côtés qui sont en avant, toutes ouvertes à la gorge, ne se flanquent pas avec la citadelle.

En résumé, ce que j'ai vu dans cette légère course et les renseignements que je me suis procurés prouvent que la population de la Cri-mée, presque entièrement composée de Tar-tares ignorants et paresseux, ne s'élève guère qu'à cent ou cent vingt mille âmes au plus, que l'industrie et le commerce y sont nuls, et que les produits en sont peu importants.

Une portion des steppes qui couvrent tout le nord de la presqu'île pourra, un jour, dit-on, fournir du froment à l'exportation; aujourd'hui, le pays en manque et le tire du midi de la Russie.

Tout le versant nord des montagnes est aride et inculte. Les rochers qui forment les vallées intérieures ne laissent qu'une langue de terre étroite propre à la culture ou au pâturage. On ne tire aucun parti des cours d'eau. Les forêts ont été abîmées, le peu qu'il en reste se détruit faute d'administration. Enfin, le versant sud des montagnes fournit du vin qui ne devient passable qu'à grands frais, un peu d'huile d'olive, pour dire qu'elle peut y venir, et des fruits dont on sèche quelques-uns. Ce produit, avec celui des bestiaux et de leurs peaux, forme toute la richesse du pays. Les chevaux et les chameaux ne servent guère qu'à l'usage de ceux qui les élèvent.

LE BARON DE BOURGOING

INTRODUCTION AU CHAPITRE II

Le baron de Bourgoing, premier secrétaire d'ambassade, arrivait à Saint-Pétersbourg au début des hostilités, avec un passé
militaire qui le désignait pour suivre les
opérations de l'armée russe. Il avait donné
sa démission, comme capitaine, en 1816,
après avoir fait, dans la Jeune Garde impériale, les campagnes de Russie, de Saxe, de
France, en qualité d'officier d'ordonnance
du général comte Delaborde et du maréchal
duc de Trévise.

Le Tzar l'ayant autorisé à se joindre au
quartier impérial, il allait donc combattre à
côté des mêmes soldats contre lesquels il
avait lutté à Smolensk, à Leipsick et devant
Paris!

Les archives du ministère de la Guerre
possèdent de nombreux rapports envoyés

par M. de Bourgoing lorsqu'il résida à Dresde, puis à Munich, en qualité de ministre plénipotentiaire, sous la monarchie de Juillet.

La France n'avait pas encore, comme les grandes puissances, des attachés militaires, accrédités à l'étranger, et nos agents diplomatiques étaient chargés de suivre les transformations, les progrès des armées européennes. Le baron de Bourgoing avait pour mission d'étudier la situation militaire de l'Allemagne. Il assista à la reconstitution de ses armées, en signala les progrès et écrivit, en 1841, cette phrase prophétique : « Les Allemands, il ne faut pas l'oublier, procèdent lentement; mais ils partent à temps et ne *s'arrêtent jamais.* » Il constata, de l'autre côté du Rhin, « ce vaste, immense système de chemins de fer entrepris, développé chaque jour dans un but stratégique, et avec une persévérance que nous devrions imiter ».

Lorsqu'en 1846, la Bavière expérimenta les transports de l'artillerie par les voies ferrées, après des essais tentés en Prusse et en Autriche pour l'infanterie, « à titre de simple indication, sans qu'on pût être d'accord sur les avantages que l'on y trouverait pour les autres armes », M. de Bourgoing assista à ces expériences, qu'il déclara concluantes dans un de ses rapports : « On a voulu commencer ici par l'arme la plus difficile. Rien n'est tel que la pratique pour mettre un terme aux dissidences théoriques. »

Ses mémoires sur les forces dont l'Allemagne pouvait disposer en cas de conflit avec la France, sur l'artillerie, sur les armes à percussion, sur la défense du Tyrol, etc., prouvent que le diplomate avait en lui l'étoffe d'un soldat, puisqu'ils méritèrent cette approbation du général Pelet, directeur du dépôt de la Guerre : « Ils décèlent un homme judicieux, instruit, qui connaît aussi bien la guerre que la politique. »   P. B.

CHAPITRE II

Souvenirs du baron de Bourgoing (1)
sur la Campagne de 1828.

Les souvenirs que je vais retracer ici sont
tout personnels et n'auront qu'un caractère purement épisodique; mon récit, dépouillé de dis-
sertations superflues, sera simple comme ce
qui est vrai, scrupuleusement exact, comme
ce que l'on raconte après l'avoir vu et entendu.

Au mois de février 1828, je fus désigné pour
me rendre à Saint-Pétersbourg, afin d'y remplir les fonctions de chargé d'affaires de France.
Le comte de La Ferronnays, après avoir long-

---

(1) Bourgoing (Paul-Charles-Amable, baron de), né à Ham-
bourg, le 19 décembre 1791, élève à l'Ecole spéciale militaire
le 29 avril 1809, sous-lieutenant au bataillon d'instruction de
la Garde impériale le 29 mars 1811, puis au 5e régiment de
tirailleurs de la Garde le 24 juin 1811, lieutenant-adjudant-

temps résidé dans cette capitale, était alors ministre des Affaires étrangères, et c'est de lui que je reçus mes instructions. Il n'était pas encore décidé, à ce moment, si la guerre éclaterait entre la Russie et la Porte ; elle ne fut déclarée que le 7 mai ; toutefois, les probabilités annonçaient une prochaine rupture.

Il existait entre l'Autriche et la Russie l'un de ces différends voisins de l'inimitié qui se renouvellent de temps à autre entre ces deux empires.

L'Angleterre voyait également d'un œil inquiet et jaloux les préparatifs d'une nouvelle irruption des Russes sur le territoire ottoman, de l'un de ces passages du Pruth et du Danube

---

major au 9e régiment de tirailleurs de la Garde le 1er mai 1813, capitaine le 23 décembre 1813, adjudant-major le 22 janvier 1814, aide de camp du duc de Trévise le 30 mars 1814, démissionnaire en 1815, attaché au Département la même année, deuxième secrétaire à Berlin le 15 avril 1816, à Copenhague le 27 mai 1818, premier secrétaire à Berlin le 1er mai 1823, à Saint-Pétersbourg le 2 décembre 1827, ministre plénipotentiaire à Dresde le 9 juin 1832, à Munich le 30 novembre 1834, pair de France en 1841. M. de Bourgoing donna sa démission lors de la Révolution de 1848, fut nommé ambassadeur en Espagne en 1849, occupa ce poste jusqu'au mois de septembre 1851, fut nommé sénateur le 31 décembre 1852, et mourut à Paris le 16 août 1864. (*Arch. adm. Min. Guerre. — Arch. Min. Aff. étr.*)

qui semblaient être une habitude tradition-
nelle.

La France, seule, obéissait alors à une politique bien différente de celle qu'elle a adoptée
en 1854 ; c'est l'un des caractères distinctifs de
notre époque que cette mobilité des alliances.
De nos jours, aucune nation n'est en droit de
reprocher à l'autre son inconstance sous ce rapport ; il n'est aucun cabinet européen (qu'on
veuille le vérifier en passant en revue la série
des guerres contemporaines), il n'en est aucun
qui n'ait été tour à tour, depuis soixante ans,
*l'ami, l'allié et l'ennemi de chacun de tous les
autres.*

La France, sans être hostile positivement à
la Turquie, annonçait l'intention de permettre,
si la guerre éclatait entre cette puissance et la
Russie, que plusieurs officiers français ser-
vissent activement comme volontaires dans les
rangs de l'armée impériale.

Au moment de me rendre à Saint-Pétersbourg, je demandai ce que je devais faire dans
le cas où l'empereur Nicolas se mettrait à la tête
de son armée. Le ministre des Affaires étrangères me répondit que si le prince me proposait

de l'accompagner, je devais accepter son invitation (1).

Peu de temps après mon arrivée à Saint-Pétersbourg, une grande partie de la Garde impériale fut dirigée vers la Turquie. Les régiments se mirent en marche successivement. L'Empereur, selon l'usage, assista au départ de ces régiments, et je fus invité à l'accompagner chaque matin. Je fus témoin de ces adieux successifs.

Notre connaissance datait de 1816. L'empereur Nicolas, alors grand-duc, était venu passer une partie de l'hiver à la Cour de Berlin. Son mariage avec la princesse Charlotte de Prusse était décidé; la taille majestueuse et la beauté accomplie des deux augustes fiancés attiraient tous les regards. C'est à un bal de la Cour de Berlin que je fus présenté au jeune prince, alors âgé de vingt ans. Il portait, ce

---

(1) *Le comte de La Ferronnays au duc de Mortemart :*

« Paris, 1er mai 1828.

« Monsieur le duc, si vous rejoignez l'Empereur dans son voyage, l'intention du Roi est que vous restiez près de lui et que vous l'accompagniez dans la campagne. Vous voudrez bien alors appeler près de vous M. de Bourgoing, qui vous sera doublement utile par son habitude des affaires politiques et par ses connaissances militaires... »

jour-là, l'uniforme du régiment de cuirassiers prussiens dont il était colonel. Les premiers mots qu'il m'adressa furent des paroles gracieuses pour mon pays et pour les souvenirs chers à mon patriotisme. Trop jeune, au temps des dernières guerres de l'Empire, pour y prendre part, il était resté étranger aux animosités, aux rancunes et aux préventions de cette époque. L'empereur Napoléon était pour lui un personnage historique, un grand capitaine, digne de toute son admiration.

C'est à côté de l'Empereur que je vis défiler successivement tous les régiments partant pour la Turquie : ceux de Préobrajensk, de Séménoff et d'Ismaïloff (1), portant des noms historiques datant de Pierre le Grand; celui de Paulowski aux grands bonnets pointus de cuivre, dont la forme, conservée en mémoire des guerres du

---

(1) Trois régiments créés par Pierre le Grand, portant les noms de trois villages des environs de Moscou, les régiments de Préobrajensk, de Séménoff, d'Ismaïloff, se désignent fréquemment dans les ouvrages russes par Préobrajenski, Séménoffski et Ismaïloffski ; la première forme est celle du nominatif, l'autre celle du génitif; comme quand nous disons Navarre, Auvergne, Picardie, au lieu de : le régiment de Navarre, d'Auvergne, de Picardie. (*Note du baron de Bourgoing.*)

dernier siècle, leur avait valu, de la part de nos soldats de 1807, le surnom de *régiment des évêques*. J'admirai, en outre, la cavalerie légère de la Garde impériale, puis les Circassiens et les cosaques de la mer Noire.

On devait commencer cette marche avant la fin de l'hiver, car on avait près de 400 lieues à faire pour traverser la Russie d'Europe du nord au midi. Bien qu'on fût parti de bonne heure, on arriva sur le Danube beaucoup trop tard, et ce fut l'une des causes des succès incomplets de la première campagne de 1828. Les Russes y prirent cependant un grand nombre de forte-resses, grandes et petites, et pénétrèrent jus-qu'au pied des Balkans; mais si l'on avait commencé deux mois plus tôt les opérations, on aurait peut-être terminé en une année cette guerre, qui en exigea deux, et le sacrifice d'un grand nombre d'hommes.

L'empereur Nicolas devait se mettre en route peu de temps après le départ du dernier des détachements qu'il inspecterait, lors de sa sortie de la capitale. Je profitai de l'occasion que j'avais de le voir fréquemment pour lui faire parvenir ma demande de l'accompagner dans cette campagne. Voulant avoir plus qu'une invitation verbale, je fis faire cette démarche par l'un de ses aides de camp généraux, le comte de Benkendorff, son conseiller habituel, qui se chargea de ma commission au moment où l'Empereur descendait de cheval. Ce général mit l'empressement le plus obligeant à me faire parvenir la réponse : il m'écrivit, au crayon, sur une feuille enlevée à son carnet de poche, « que l'Empereur serait charmé de me voir à son armée du Midi et me donnait rendez-vous, pour les premiers jours de juin, aux bords du Danube ».

Rentré chez moi, j'expédiai au comte de La Ferronnays une lettre particulière, contenant l'invitation impériale, dans sa forme peu cérémonieuse, mais très authentique (1).

---

(1) *M. de Bourgoing au comte de La Ferronnays :*

« Saint-Pétersbourg, le 28 avril.

« Monsieur le comte, j'ai eu l'honneur de faire connaître à Votre Excellence que S. M. l'Empereur avait bien voulu agréer la demande préalable que j'avais été autorisé à lui faire de suivre son quartier général. Plusieurs membres du corps diplomatique avaient exprimé le même vœu, mais cette faveur n'a été accordée qu'au ministre de Hanovre, au major prussien de Thun et à moi.

« Le jour où j'avais fait cette demande, l'aide de camp général Benkendorff s'est empressé de passer chez moi et, ne

Comme j'avais reçu l'autorisation éventuelle d'accepter l'offre qui me serait faite, et que je n'avais pas le temps d'attendre une réponse si je voulais assister aux premières opérations de la guerre, j'annonçai au ministre que je me disposais à partir sous peu de jours.

Ce temps me fut nécessaire afin de m'équiper pour cette destination imprévue, et je me mis en route pour Ismaïl deux jours après le départ de l'Empereur.

*
* *

Je me rendais à cette guerre avec un vif sentiment de satisfaction. Quelque peu surpris cependant de ce que le hasard de ma destinée me procurât l'avantage de retrouver, momentanément, les attachantes émotions de mon premier état, je me félicitais de faire cette campagne intéressante par son étrangeté. De curieux incidents, me disais-je, vont se passer

---

m'ayant pas trouvé, il m'a laissé ce billet, que j'adresse ci-joint à Votre Excellence. Dès le lendemain, son aide de camp avait été chargé de me demander combien de chevaux de poste devaient être disposés pour moi sur la route d'ici au quartier général, et le comte Potocki, maréchal de la Cour, m'avait déjà inscrit sur la liste des personnes qui accompagneront l'Empereur... »

sous mes yeux, dans ces régions orientales;
c'est un singulier caprice du sort que d'être
appelé à conduire, contre les musulmans, ces
mêmes cosaques avec lesquels j'échangeais, il
y a seize ans, des coups de fusil et de pistolet,
entre Dombrowna et Smolensk.

J'avais, pendant la guerre de 1812, parcouru
comme sous-lieutenant dans l'armée de Napoléon une partie de l'Empire russe, mais d'Occident en Orient, du Niémen à Moscou; en 1828,
je traversais la Russie directement du nord au
midi.

Les deux lignes de cette grande croix que je
traçais dans ces régions lointaines se réunis-
saient à Witepsk, l'une des villes principales
de la Russie Blanche.

A partir de cette contrée, qui appartenait autrefois à la Pologne, on rencontre, jusqu'au
point où commence la langue bulgare, une population composée, en grande partie, de paysans
petits-russiens et de seigneurs polonais. Les
Petits-Russiens parlent une langue qui est celle
des cosaques proprement dits, et qui tient le
milieu entre le russe et le polonais; mais quant
aux seigneurs, à ces descendants des électeurs

des Jagellons et des Vasa, à ces gentilshommes qui habitent, les uns de magnifiques châteaux de pierre, les autres de jolis castels de bois, ce sont bien nos vaillants et malheureux alliés polonais, conservant sans aucune altération leur langue, leurs habitudes, leurs espérances que rien ne peut abattre, cette sympathie pour les Français que rien ne peut affaiblir; ce sont toujours, pour nous, les amis à toute épreuve, dont nous devons tant regretter de n'avoir pu payer le dévouement que par de stériles efforts et de vaines manifestations.

Je voyageais alors avec cette vitesse qu'on ne connaissait, avant l'établissement des chemins de fer, que sur les grandes routes de la Russie. Pour surcroît de rapidité, j'étais vivement entraîné par l'un de ces employés de la poste impériale que le gouvernement russe accorde aux voyageurs qu'il veut favoriser. Ils portent un uniforme militaire et jouissent, dans les maisons de poste, d'une grande autorité; c'est une des particularités d'un empire dont la gigantesque étendue exige, plus que tout autre pays, la promptitude des communications. Ces courriers précieux sont des espèces de locomotives vivantes, que chauffe le zèle officiel.

Emporté donc par cet avant-coureur, chargé de commander mes chevaux, je volais au triple galop de mon quadrige russe, à travers ces immenses plaines. J'étais parti des bords de la Néva le 20 mai, à cette époque de l'année solaire du Nord qui présente un contraste singulier : celui de jours plus prolongés que nos grandes journées d'été et d'une température souvent aussi froide que celle de nos hivers modérés.

Comme j'avançais en ligne droite vers le ciel bleu du Midi, je voyais décroître les jours en même temps que je sentais l'air du printemps m'apporter ses tièdes bouffées. De cette façon, je fuyais la lumière et je marchais au-devant de la chaleur, si bien que, parti de Saint-Pétersbourg avant que les premiers bourgeons de verdure ne se fussent épanouis, je trouvai, une semaine plus tard, en pleine floraison les pommiers et les cerisiers de la Volhynie et des rives du Dniester.

Je ne fus arrêté, au beau milieu de cette course impétueuse, que par un accident arrivé à ma calèche. Elle sortait pourtant des ateliers du *grand* Ferbelius, le plus célèbre des carrossiers de Saint-Pétersbourg, les seuls qui puissent fabriquer des essieux, des ressorts et des soupentes capables de résister pendant une huitaine aux cahots, chocs, contre-chocs et soubresauts qu'on doit attendre, fort naturellement, de ces routes désertes et grandioses. Elles sont larges comme les Champs-Elysées, tracées tout droit en plein champ, bordées par intervalles de quatre magnifiques rangées de bouleaux, mais elles n'ont jamais vu ni la brouette, ni la pelle des cantonniers.

« Nos routes russes, m'avait dit un très aimable habitant de Saint-Pétersbourg, brisent en quarante-huit heures les voitures françaises, anglaises et viennoises; mais elles respectent nos véhicules de provenance nationale, pendant huit jours de notre galop sans égal..... et c'est beaucoup. »

Je me résignais donc, vers le milieu du huitième jour, à entendre un craquement quelconque justifier cette prédiction. Le craquement ne se fit pas attendre, et l'œuvre de Ferbelius, ma calèche pétersbourgeoise, fut détraquée à l'instant précis où nous arrivions à un relais; j'y fis mon entrée tout penché sur le côté.

Je fus aussitôt accueilli par un essaim de juifs vieux et jeunes, barbus et chevelus, vêtus de leurs grandes robes noires orientales, d'un costume qui semble n'avoir pas changé depuis Isaac, Jacob et son frère Esaü, mais qu'on dit pourtant ne remonter qu'au XVIᵉ siècle. Cet habillement est complété par un bonnet garni d'une fourrure de renard fauve, de laquelle descendent le long des tempes, et tombent plus bas que l'épaule, deux immenses boucles de cheveux. Les Israélites de ces contrées en sont les aubergistes, les pourvoyeurs intelligents et les plus habiles ouvriers de toute nature. Ils rendent de grands services aux voyageurs. Tous ces complaisants intéressés examinèrent ma calèche avariée, constatèrent avec joie que les fractures étaient graves, puis m'entourèrent, criant, discutant entre eux en petit-russien, en polonais, en hébreu, mais se servant de leur allemand guttural, mêlé de quelques mots inintelligibles, pour m'offrir, tous à la fois, leurs services.

Je compris, à l'instant, que je serais arrêté jusqu'au milieu de la nuit, et après avoir livré ma voiture malade aux soins d'un forgeron qui ressemblait à Fubulcaïn, cet inventeur du marteau et de l'enclume cité dans la Genèse, je ne songeai qu'à passer mon temps aussi bien que possible, à la poste de S.....

Si je dus discuter longuement le menu de mon dîner avec la vieille Sarah et la jeune Rébecca de ce séjour, les ressources de l'auberge ne me permirent pas de rester longtemps à table.

A minuit, je repris, par le plus magnifique clair de lune, ma course vertigineuse, dans ma voiture solidement raccommodée.

Peu de jours après, j'arrivais à Ismaïl, forteresse de la rive gauche du Danube, lieu assigné, comme rendez-vous, à ceux qui devaient suivre le quartier général impérial. Je trouvai dans cette ville le duc de Mortemart, ambassadeur de France. Il était venu directement de Paris et devait accompagner l'empereur Nicolas dans cette guerre.

* * *

Après quelques jours nécessaires pour acheter nos chevaux de selle et de voiture, nous étions dirigés sur le camp de Hadji-Kapitan, qu'une partie de l'armée russe occupait depuis plusieurs semaines. A 10 lieues de là, à Satounowa, des préparatifs avaient été faits pour le passage du grand fleuve.

L'empereur Nicolas, immédiatement après avoir franchi le Danube, s'avança de 20 lieues jusqu'à un emplacement désigné pour y faire une assez longue halte.

Cette première partie de la campagne, bien qu'un peu monotone, ne nous a laissé que de bons souvenirs. La plus franche cordialité régnait dans notre ambassade militaire.

Nous campions, chaque soir, à peu de distance de l'Empereur et mettions un soin extrême à dresser promptement, et surtout à abattre en un clin d'œil, les cinq tentes qui formaient notre camp français. C'était par ordre de notre ambassadeur que nous nous faisions un point d'honneur d'être parmi les premiers levés et réunis à cheval, à côté de la tente impériale. Son tact parfait lui avait démontré que les officiers français, admis dans le quartier général de cette armée étrangère, devaient, tout d'abord, se distinguer par leur zèle et leur ponctualité, jusqu'au moment où l'apparition des turbans ennemis pourrait leur fournir l'occasion de montrer d'autres vertus guerrières.

La tente de l'Empereur ne se distinguait pas extérieurement de celles de ses généraux. Toutes celles de l'armée étaient blanches à festons vert clair, anciennes couleurs nationales de la Russie. On avait dressé près de la tente impériale une marquise de mêmes nuances, dominant comme une cathédrale toute cette ville de toile. Ce vaste et frêle monument n'avait cependant rien de commun avec le service divin; comme on était dans la belle saison, et qu'il fallait que toute la troupe pût voir officier le clergé, c'est en plein air que se faisaient, soir et matin, les prières de l'armée. Les belles voix des chantres du palais, que l'Empereur avait fait venir de Saint-Pétersbourg, entonnaient les cantiques de la liturgie grecque. Pour la messe du dimanche, les prêtres étaient vêtus avec une somptueuse magnificence.

Quant à la grande marquise blanche et verte, elle avait une destination toute profane. C'est sous son pignon élevé que se dressait la table du banquet quotidien, auquel étaient invités tous les officiers étrangers et l'état-major de l'Empereur. Une splendide hospitalité nous y était offerte.

Le personnel de ce quartier général parut bientôt avoir atteint une dimension exagérée et gênante. L'admission d'ambassadeurs et de ministres étrangers, d'un véritable corps diplomatique, inspirait à l'Empereur le regret d'avoir trop étendu ses invitations ; on pouvait prévoir que, dans le nombre de ces volontaires, les Français et les Prussiens seraient seuls les alliés sincères du souverain qui les avait si bien accueillis ; on jugeait que, parmi la plupart des autres, pourraient se trouver des spectateurs malveillants et des correspondants défavorables à la politique russe. Cette persuasion engagea l'empereur Nicolas à dire aux chefs de ces légations étrangères qu'il pensait que plusieurs des nombreux officiers qui avaient demandé à le suivre seraient sans doute charmés de prendre une part active dans les opérations de la guerre, et qu'il leur offrait des places dans la cavalerie ou l'infanterie de son corps d'armée. L'Empereur parla dans ce sens au duc de Mortemart, qui nous transmit cette proposition. Pour mon compte, je crus devoir l'accepter et je priai l'ambassadeur de dire à Sa Majesté que je désirais être placé dans un corps d'armée séparé.

11

Le lendemain, dans la matinée, l'empereur Nicolas, que je trouvai devant sa tente, m'appela et me dit : « Comment! vous demandez à vous éloigner de moi? »

Je répondis :

« J'ai pensé, Sire, que si, en acceptant l'offre que vous avez bien voulu nous faire de servir activement, j'étais placé dans l'une des divisions d'infanterie de votre armée, ou attaché à la cavalerie de son avant-garde, je n'en serais pas moins séparé de Votre Majesté; je préfère donc être employé dans un corps distinct, où je trouverai moins de concurrents, pour avoir des commandements et des occasions de vous montrer mon zèle.

— Vous avez peut-être raison, répliqua l'Empereur, je ferai connaître votre désir au général que vous allez vous choisir. Voyons, qui préférez-vous? Nous avons encore plusieurs forteresses à prendre ou à bloquer sur le Danube. Voulez-vous aller devant Ruschtchuk où commande le général Patiomkine (1), ou

---

(1) C'est ainsi que se prononce en russe le nom de la famille du célèbre prince Potemkin, que nous avons francisé. (*Note du baron de Bourgoing.*)

bien investir Silistrie avec le général Roth?

— Je préfère de beaucoup Silistrie, puisque l'Empereur veut bien me laisser le choix.

— Pourquoi cette préférence?

— Votre Majesté sait qu'entre deux choses complètement inconnues, on se décide ordinairement au hasard ou par des motifs de peu d'importance. Je choisis aujourd'hui Silistrie uniquement parce que le nom est plus harmonieux.

— Ah! vous aimez les noms sonores.

— Oui, Sire : si jamais j'ai la fantaisie de célébrer en vers les exploits de vos soldats, Silistrie figurera bien dans un alexandrin, tandis que je ne trouve que très difficilement des rimes pour Ruschtchuk.

— La rime, en effet, serait rude à découvrir, répondit l'Empereur. Je vous recommanderai donc instamment au général Roth. Vous trouverez en lui un homme de mérite et un vigoureux soldat. Il est votre compatriote, c'est un émigré alsacien, qui sert avec nous depuis trente-cinq ans. »

En conséquence de cette conversation, on me remit, dès le lendemain matin, la lettre de recommandation promise. Je pris congé de l'Empereur, car tout se préparait pour le départ. L'armée impériale allait marcher vers le midi, dans la direction des Balkans. Quant à moi, je me disposai à rétrograder vers le nord, pour me joindre au corps d'armée qui, venant de Valachie, allait passer le Danube, et pour gagner avec lui Silistrie.

Je vis alors arriver un officier de l'état-major russe, suivi de quatre cosaques destinés à me servir d'ordonnances pendant toute la campagne. On me fit présent d'une carte de l'état-major général.

Je pris congé du duc de Mortemart, qui m'avait témoigné beaucoup d'amitié. Je me séparai également avec regret des officiers qui l'accompagnaient, excellents camarades avec lesquels j'aurais désiré faire toute la campagne. L'ambassadeur m'avait donné l'une des cinq tentes que l'Empereur avait mises à sa disposition ; je la fis charger sur ma calèche.

A peu de distance du lieu de mon départ, je franchis les lignes du rempart de Trajan, et c'est du haut de sa crête, arrondie par dix-huit siècles, que je vis, à l'horizon lointain, les dernières colonnes de l'armée impériale.

Dès que je fus au nord de ce rempart, j'entrai dans les solitudes de la Dobroutcha.

Guidé par mes cosaques d'ordonnance, à travers les plaines désertes de cette presqu'île célèbre par son insalubrité, j'arrivai sur le Danube, à la forteresse turque de Hirsova, prise par l'armée russe quinze jours auparavant. Le général Roth, que je venais de rejoindre, y resta six jours. Je les employai à lever le plan de cette ville, dont l'enceinte régulière avait été construite au xvie siècle, comme la plupart des forteresses de ces contrées, par des ingénieurs génois. J'en dessinai deux exemplaires pour le général du 6e corps. Un témoin oculaire m'ayant raconté en détail le bombardement et la prise de cette place par le général prince Madatoff, je joignis à mes deux plans une relation assez étendue de ce fait d'armes; mes travaux furent envoyés à l'Empereur, qui m'en fit faire ses remerciements.

Le 6e corps d'armée se mit alors en marche vers Silistrie. Les troupes commandées par le général Roth pouvaient être évaluées à 13,000 ou 14,000 hommes. Ce corps d'armée se composait d'une division d'infanterie de ligne, de

deux bataillons de chasseurs, d'une artillerie
nombreuse et bien attelée, de quatre régiments
de lanciers, enfin de deux pulks (régiments) de
cosaques du Don (1). Un autre régiment de ces
cavaliers, parmi lesquels se trouvaient quelques
kalmouks et autres cavaliers de race mongole,
nous arriva, comme renfort, au bout de six
semaines.

Les régiments de cosaques réguliers et ir-
réguliers provenaient des contrées situées à
l'orient de la mer Noire, entre le Don et le
Volga; le plus grand nombre parlait russe;
une partie d'entre eux était de race tartare ou
mongole.

L'Empereur, pour cette guerre, n'avait fait
venir qu'un très petit nombre de cavaliers
appartenant aux peuplades nommées Kirguises
et Baskires habitant les contrées plus éloignées,
les rives de l'Oural; ces guerriers nomades,

---

(1) « L'armée du général Roth était formée de la 4e division de lanciers, de la 16e d'infanterie, comprenant 16 escadrons, 12 bataillons, 36 pièces, et comptant 10,000 hommes.
Comme les autres corps russes, celui du général Roth était
trop faible et n'avait point surtout d'artillerie de siège. Les
Russes avaient été assez imprévoyants pour n'emmener qu'un
parc, dans une campagne où l'on pouvait avoir quatre sièges
à faire en même temps. » (Le colonel baron DE MOLTKE.)

armés d'arcs et de flèches, arrivent ordinairement sur la requête de l'Empereur. Dans les
guerres de 1807 et de 1813, ces contingents
asiatiques servirent d'éclaireurs à l'armée russe.
En 1828, on n'utilisa qu'un petit nombre de
Baskires comme conducteurs de bagages.

Les lanciers de Saint-Pétersbourg marchaient
en tête de la colonne d'infanterie ; je demandai
au général Roth, la veille du jour où la ville
de Silistrie allait nous apparaître, de me
joindre aux cent cosaques qui devaient former
l'extrême avant-garde du colonel Begidoff.

Un très jeune aide de camp de l'empereur
Nicolas, le comte Georges Tolstoï, était arrivé
la veille, du quartier général impérial : il avait
mission d'assister à l'investissement de Silistrie,
pour rendre compte du résultat de cette journée; il se joignit à notre avant-garde.

Nous traversions, aux premiers rayons du
jour, un pays boisé très pittoresque, nous rap-
prochant de plus en plus du Danube, que nous
avions quitté à Hirsova. Tout à coup, nous
voyons des cavaliers turcs s'agiter derrière les
buissons et nous recevons quelques coups de
fusil.

Nous étions suivis, à peu de distance, par le régiment des lanciers de Saint-Pétersbourg; la cavalerie turque, vivement poussée par notre ligne de cosaques, s'éloigna en tiraillant. Quelques-uns des nôtres furent atteints; le cheval du comte Tolstoï fut blessé.

Le chef de nos cosaques avait fait placer la plus grande partie de ses cavaliers sur une ligne, et nous marchions d'abord au pas; bientôt nous prenons le galop. Notre avant-garde ainsi alignée poursuit, pendant près d'une demi-lieue, les Turcs qui se dirigent vers la ville. Nous avançons sur un des plateaux élevés qui s'allongent en pointe aiguë pour converger vers la plaine resserrée où se trouve Silistrie, car cette ville est le point de jonction de quatre vallées qui rayonnent vers elle et sont séparées par cinq contreforts.

La pointe du plateau sur lequel s'avançaient nos cent cosaques se nomme en turc Kara-chislik.

C'est un terrain boisé qui domine de toute sa hauteur le cours du Danube. Bientôt nous nous trouvons à l'extrémité du plateau que nous parcourions; nous perçons le rideau de verdure qui nous cache le lointain, et nous voyons se dérouler à nos pieds le plus magnifique tableau : la forteresse de Silistrie nous apparaît soudain dans toute sa beauté. Cette ville, couverte de jardins, est un bouquet de verdure d'où s'élèvent quinze minarets, éclatants de blancheur, et dont les pointes aiguës brillent au soleil levant. En arrière de cette vaste cité musulmane s'étendent à perte de vue les vertes plaines de la Valachie, parsemées de ruisseaux argentés et d'innombrables flaques d'eau, resplendissantes de lumière matinale (1).

Les cavaliers que nous avions poursuivis regagnaient la forteresse ; ils allaient sans doute annoncer au gouverneur que l'armée chrétienne s'avançait et que son avant-garde était en vue de la ville. Le gouverneur de Silistrie (2) devait

---

(1) « La position stratégique de Silistrie est aussi importante que sa position topographique est défavorable à une bonne défense de la place. Démolie après avoir été prise par les Russes en 1810, cette forteresse s'était relevée de ses ruines, et, en 1828, elle renfermait 20,000 habitants. » (Le colonel baron DE MOLTKE.)

(2) « On croyait, en général, Silistrie moins forte que Braïloff et Varna, opinion erronée qui provenait des souvenirs de la dernière guerre. Silistrie avait été prise, à cette époque

déjà s'en être convaincu, car tous les habitants bordaient les remparts pour nous voir arriver; ils pouvaient distinguer leurs ennemis couronnant les hauteurs qui dominent la place; ils nous le prouvèrent, et nous firent l'honneur de nous envoyer quelques boulets, tirés à toute volée, pendant que nous caracolions sur la crête de leurs montagnes avec des cris de joie.

Pendant ce temps, le 6ᵉ corps s'était rapproché; je courus auprès du général en chef lui rendre compte d'une mission qu'il m'avait donnée : il m'avait chargé de voir si les Turcs avaient, comme en 1810 et dans les guerres antérieures, élevé des retranchements sur les cinq contreforts des quatre vallées. Je lui annonçai la bonne nouvelle qu'ils les avaient abandonnés, et que toute la garnison se tenait renfermée dans le corps de la place. Les colonnes d'infanterie furent en conséquence rapidement portées en avant; mais déjà l'armée turque

(1810), par le comte de Langeron après neuf jours de tranchée ouverte; mais, depuis lors, les places du Danube avaient reçu de grandes améliorations. Silistrie, particulièrement, avait été fortifiée avec soin par des ingénieurs européens. » (*Le baron de Bourgoing au comte de La Ferronnays.*) Arch. Min. Aff. étr.

venait à notre rencontre et de vifs combats ne tardèrent point à s'engager.

Ibrahim, pacha de Silistrie, avait, ce jour-là, déployé toutes ses forces pour combattre l'armée russe dès son apparition. Son infanterie vint au-devant de la nôtre, au delà de l'extrémité du plateau où j'étais accouru avec les cavaliers de notre avant-garde.

La bataille commença alors sur toute la ligne; l'armée russe eut à combattre les nouveaux régiments d'infanterie régulière du sultan Mahmoud. Après une lutte sanglante et acharnée, la garnison rentra dans Silistrie.

Vers le soir, le général en chef me dit :

« J'ai vu, par le plan de Hirsova, envoyé à l'Empereur, que vous aviez des connaissances en fortification. Appartenez-vous au corps des ingénieurs ?

— Non, mon général, j'ai servi dans l'infanterie, puis dans les états-majors, mais les élèves de l'Ecole de Saint-Cyr connaissent leur Vauban et leur Cormontaigne.

— Cela se trouve bien, répondit le général Roth. Il ne m'est encore arrivé ni général, ni officier supérieur du génie; si vous le voulez donc, je vous offre la direction des fortifications dont je désire couvrir mon camp, en complétant l'investissement de la place.

— Je serai, mon général, très empressé pour tout ce qu'il vous paraîtra convenable de me confier.

— Voici ce dont il s'agit en ce moment : Nous n'avons pas mission d'assiéger Silistrie. D'ailleurs, je n'ai pas assez de troupes pour cela et je suis encore dépourvu d'artillerie de siège. Ma première tâche à remplir est uniquement de bloquer cette nombreuse garnison et de l'empêcher de sortir pour faire des excursions en arrière de l'armée de l'Empereur. Il faut, dans ce but, que nous dominions toutes les vallées qui convergent vers Silistrie. Pour commencer, je vous chargerai de tracer, cette nuit, un petit fort sur le mamelon d'Akardja que nous voyons d'ici, à notre gauche; je compte y placer deux canons et plus tard deux mortiers. »

J'acceptai avec empressement. Déjà les ordres avaient été donnés, et je vis bientôt arriver 300 hommes d'infanterie. L'officier qui me les présenta me dit en langue russe :

« Le général en chef met sous vos ordres cent hommes armés de fusils *(sto roudjami)*, cent avec des pioches *(sto skirkami)* et cent avec des bêches *(sto lapatkami)*. »

Je devinai le sens de cette phrase, qui s'expliquait d'elle-même par la vue de l'instrument de mort ou de jardinage que portaient mes 300 soldats. Depuis cinq mois que j'étais en Russie, j'avais appris assez de mots pour comprendre et pouvoir commander, sans déployer toutefois un grand luxe d'éloquence. Pour les explications importantes, j'avais recours à des interprètes. J'attendis que la nuit nous permît de marcher sans être vus de la forteresse, et je dirigeai mon détachement vers le contrefort désigné.

Arrivé sur ce point, je plaçai mes hommes armés, de façon à surveiller ce qui pourrait apparaître du côté de la place ; puis j'alignai mes travailleurs sur les deux côtés d'un angle saillant dont la pointe était tournée vers Silistrie. Les bêches et les pioches se mirent alors en mouvement.

Le plus grand silence était recommandé. Nous nous trouvions à une portée de canon des

remparts, et l'ennemi devait être sur ses gardes.
Le moindre bruit pouvant lui donner l'éveil
nous eût attiré des coups de canon et une sortie.

Les Turcs nous laissèrent travailler toute la
nuit sans nous inquiéter. Ce ne fut qu'au point
du jour que l'une des reconnaissances sorties
de la forteresse aperçut les travailleurs qui re-
muaient la terre pour construire un retranchement; il nous envoyèrent, peu après, un boulet
de 24, qui se logea justement à l'angle encore
très informe de notre rempart. Mes soldats, en
se relevant par tiers, avaient travaillé sans re-
lâche; je ne fus assailli que par la pluie : de
fortes ondées se succédèrent par intervalles.
J'avais un bon manteau qui me garantit de son
mieux, et me permit même, autant qu'il m'en
souvient, de dormir, entre deux averses, d'un
assez mauvais sommeil. Notre nuit fut donc
bien employée. Quand, au point du jour, je pus
juger de ce que mes hommes, armés de bêches
et de pioches, avaient fait des pieds et des
mains, je fus charmé de voir l'ébauche d'un
très joli relief anguleux, s'élevant, en terre
jaunâtre fraîchement remuée, à la hauteur de
près de 3 mètres.

Ce redan, ou plutôt cet angle saillant d'un fortin à cinq côtés, qui allait s'achever dans les jours suivants, n'était encore qu'une masse informe, précédée du fossé d'où elle avait été tirée. Il fallait régulariser, en lui donnant ses arêtes rectilignes, ce rempart créé, à tâtons, dans l'obscurité; il fallait façonner cette fortification naissante et la dégrossir en taillant dans sa masse, suivant les prescriptions de l'art et d'après les angles voulus, sa banquette, son talus intérieur et sa plongée.

J'avais sous mes ordres un jeune lieutenant du génie, très intelligent ; j'étais donc bien secondé. Pour mieux expliquer ce qu'il y avait à faire, je montai sur le rempart improvisé, suivi de cet officier et de quelques travailleurs d'élite.

Pendant que j'étais là, debout, la bêche en main et me servant de cet outil pacifique, devenu instrument de guerre, pour indiquer les lignes qu'il fallait tracer ou corriger, le hasard bienveillant vint me payer de toute la peine que je m'étais donnée depuis vingt-quatre heures, sans presque me reposer.

Le général en chef avait, dès la veille au soir,

dressé sa tente à l'endroit d'où j'étais parti avec mes 300 hommes. Il avait donc passé une meilleure nuit que le directeur général des constructions de sa ligne fortifiée. En ce moment même, il venait de sortir de sa tente, située sur le plateau en face du mien, et, curieux de reconnaître l'état de mes travaux, il dirigeait son grand télescope du côté du mamelon d'Akardja; son rayon visuel tomba sur mon rempart de terre et sur mon uniforme français qui, de si loin, me faisait distinguer des autres officiers de l'armée. Il fut frappé, non point de la rapidité de ma création (un relief semblable, élevé dans une nuit, n'a rien d'extraordinaire), mais de l'activité personnelle que je semblais déployer.

Il dit donc au général Wachtel, son chef d'état-major :

« En vérité, cet officier français déploie un grand zèle. Après avoir commencé, dès l'aurore, sa journée d'hier, à la tête de notre avant-garde, il passe la nuit à travailler à nos fortifications et, au point du jour, je le retrouve la bêche à la main. »

En conséquence de cette réflexion, le général

Roth m'envoya un aide de camp pour m'inviter à venir déjeuner et me reposer (1).

Je trouvai, en arrivant sur la hauteur où il avait établi son quartier général, une belle tente, plus grande que celle que j'avais apportée de Karassou : mes gens étaient occupés à la dresser. L'obligeant général me l'avait fait donner, sans que je l'eusse demandée, et il l'avait fait placer à proximité de la sienne.

---

(1) Extrait du rapport fait par le chef du 6e corps de l'armée impériale russe, le général en chef Roth, à Son Excellence M. le feld-maréchal comte de Wittgenstein, commandant la deuxième armée :

« Au camp devant Silistrie, le 22 juillet 1828.

« Conformément à la volonté de S. M. l'Empereur, M. de Bourgoing, premier secrétaire de l'ambassade de S. M. le roi de France auprès de S. M. I., a été désigné pour être attaché au corps dont le commandement m'a été confié. Pour remplir cette intention, je l'ai plusieurs fois employé pendant le mouvement que le corps faisait en s'avançant vers Silistrie.

« Dans la journée du 9/21 juillet, M. de Bourgoing a exprimé le désir de se trouver avec l'avant-garde du colonel de cosaques Begidoff, et au commencement de l'affaire il a été à la tête des éclaireurs.

« Quand le combat devint général, il était auprès de moi, au flanc droit, au moment où un peloton d'infanterie et quelques cosaques étaient envoyés pour faire un détour et prendre en flanc une masse de Turcs qui s'étaient cachés dans les jardins. M. de Bourgoing désira prendre le commandement de ce détachement et en diriger le mouvement, ce qu'il exécuta avec un courage extrême et un succès complet.

« Le 10, notre position fut entourée d'un tracé pour des

J'étais très confortablement installé. Voici la description de mon camp personnel, dont je ne tardai pas à fixer le souvenir en le peignant à l'aquarelle.

Mes soldats du génie construisirent, par ordre de leur lieutenant, mon jeune auxiliaire, une cabane de feuillage à côté de ma tente. C'est un usage dans les camps russes d'élever de semblables abris, auxquels on donne le nom tartare de *balagan*. On éprouve le besoin, dans ce climat brûlant pendant quelques mois de l'année, d'avoir, en outre de sa tente, une habitation à claire-voie, donnant à la fois de l'ombre et de l'air. C'est dans ce balagan que je me tenais habituellement. Quelques jours après sa construc-

---

lignes que je voulais fortifier par des abatis et retranchements pour l'infanterie et des batteries dans les endroits favorables ; l'exécution de ces travaux fut confiée à M. de Bourgoing et à d'autres officiers ; il s'en est acquitté jusqu'ici avec un zèle et un succès qui lui font honneur.

« Je me fais un devoir de signaler les bons services de M. de Bourgoing et, en particulier, la manière dont il s'est comporté le 9 et le 10, et je supplie Votre Excellence de vouloir bien obtenir de la munificence impériale la récompense de *l'épée d'or* avec l'inscription : *Pour la bravoure.*

« Pour traduction conforme à l'extrait remis en russe à M. de Bourgoing :

« *Le Général en chef,*
« *commandant le 6e corps d'armée,*
« DE ROTH. »

tion, un boulet de gros calibre, parti de la forteresse, perça de part en part les murailles
légères de ma salle de verdure : j'étais absent
au moment où elle recevait cette belle consé-
cration.

Le reste de mon domaine temporaire était
construit avec une espèce de symétrie, autour
d'un espace formant une petite cour carrée que
j'avais entourée de ma grande tente et de mon
balagan, d'une cabane construite en paille pour
mes gens, et d'une autre cabane de même nature que mes cosaques s'étaient bâtie. A côté
de cette hutte pointue très solidement établie,
j'avais fait planter leurs quatre longues lances
régulièrement alignées, puis venait, sur l'autre
grand côté de ma cour et vis-à-vis de ma tente,
toute mon écurie, à savoir : mes deux chevaux
de selle *Pyrame* et *Lalla-Roukh*, les quatre
petits chevaux valaques chargés de traîner ma
calèche. Cette calèche elle-même, enfin une
longue barre soutenant mes selles et les har-
nais de mes chevaux de voiture formaient le
quatrième côté de cette enceinte.

Le général Roth m'avait fait cadeau d'une
belle vache grise, couleur particulière au bétail

de ces contrées ; elle était destinée à me donner son lait pour mon café ; mais la grande difficulté d'avoir du fourrage pour mes chevaux, la nécessité d'envoyer mes cosaques faucher l'herbe, au péril de leur vie, à d'assez grandes distances, me firent renoncer à ce luxe parisien.

Je n'acceptai cette vache bulgare (ou plus précisément de race hongroise) que dans un intérêt purement pittoresque ; je ne la gardai que le temps nécessaire pour faire figurer dans mon aquarelle, à côté de *Lalla-Roukh*, son beau pelage gris cendré et son front cornu, sans violer l'exactitude historique, qu'il faut respecter en toutes choses.

Devant Silistrie, c'étaient chaque jour de petits combats ou de courtes canonnades entre nos batteries et les bastions de la forteresse. Il ne se passait pas cinq minutes sans qu'un boulet turc ne vînt ricocher et bondir sur l'un des quatre plateaux que nous occupions. Comme nos camps étaient placés assez en arrière de la partie de ces plaines élevées visible pour les Turcs, leurs projectiles étaient lancés au hasard et nous faisaient peu de mal.

Les canonniers turcs avaient pris une habitude qu'ils gardèrent avec la persistance la plus méthodique pendant tout le temps que dura le blocus.

Dans notre corps d'armée, comme au quartier impérial de Karassou, la musique d'un régiment servait d'accompagnement au chant de la prière du soir, et la suave mélodie de l'hymne chrétienne, descendant ainsi dans les vallées jusqu'à la forteresse musulmane, parvenait à la foule attentive, que nous apercevions bordant les remparts de cette grande place de guerre. Ces auditeurs silencieux nous fournissaient chaque jour, sans y manquer jamais, la preuve qu'ils nous avaient attentivement écoutés. Pas un cri, pas un coup de canon ne se faisaient entendre tant que durait le saint concert des voix et des instruments; mais à l'instant même où les dernières notes venaient d'expirer, tous les bastions de la ville turque tiraient à la fois.

Ces bruyants éclats, ce vacarme belliqueux étaient presque toujours sans effet, en raison de la distance et des positions réciproques. Il est cependant arrivé que l'un de nos soldats ait été mortellement frappé au moment où il venait d'élever son âme à Dieu.

Nous entendions aussi parfois vers le soir, dans cette ville dont nous étions si rapprochés, la voix de l'iman qui, du haut du balcon circulaire de son minaret, exaltait le courage des habitants. Ces accents lointains du prêtre mahométan nous arrivaient à peine perceptibles, mais ils étaient suivis des réponses retentissantes de la multitude. Je demandai à un interprète très obligeant, que je voyais chaque jour chez le général, la signification de ce que se disaient ce prédicateur de Silistrie et ses paroissiens en turbans.

« Vous jugez bien, Monsieur, me répondit-il, que je ne saurais entendre de si loin le sens effectif de ce dialogue turc ou arabe ; mais, par analogie et par souvenir, je devine ce qu'ils peuvent se dire. L'iman adresse probablement au ciel des phrases comme celle-ci :

« Puisse Allah confondre les projets des « ennemis de notre sultan ! »

« Le peuple assemblé autour de la mosquée répond alors :

« *Amine! amine!* » parole arabe répondant au mot hébreu *amen, ainsi soit-il*, qu'emploient aussi les chrétiens.

« Le prêtre musulman reprend alors :

« Puisse Allah aveugler les ennemis de notre
« sultan ! »

« Et la multitude répond : « *Amine! amine!* »

« L'iman peut dire encore :

« Qu'Allah déverse la peste et tous les fléaux
« sur la tête des ennemis de notre sultan! »

« Et le peuple de répéter toujours : « *Amine!*
« *amine!* »

« Et ainsi de suite, car c'est un usage antique,
moderne et universel : dès que deux peuples
sont en guerre, ils demandent, chacun à sa
manière, au bon Dieu, de faire à l'ennemi le
plus de mal possible. »

*
* *

A cette époque, nous eûmes à Silistrie la vi-
site de celui des Français émigrés qui, après le
duc de Richelieu, est parvenu dans l'armée
russe aux fonctions les plus élevées. Le comte
de Langeron (1) commandait alors en Valachie,

____

(1) *Langeron* (Andrault, comte de), né à Paris en 1763, fit
comme sous-lieutenant, sous les ordres de Rochambeau, la
campagne d'Amérique, émigra comme colonel en 1790, offrit
ses services à l'Autriche, qui les refusa, et reçut de l'impératrice Catherine le grade de général. En 1793 et 1794, il entra

et comme Bucharest n'est qu'à une quinzaine
de lieues de Silistrie, il vint, en bon voisin,
concerter ses opérations avec celles du général
Roth. Il était du Nivernais, ancien ami de
ma famille, et nous nous étions liés dès mon
arrivée en Russie.

C'était un homme d'un esprit charmant, que
je retrouvai avec plaisir, après l'avoir vu fréquemment à Saint-Pétersbourg.

Lorsque, deux ans plus tard, en 1830, j'eus à
traiter à Saint-Pétersbourg des affaires d'une
haute gravité, ce compatriote fut pour moi un
auxiliaire très utile par la sagesse des conseils
qu'il fit entendre à son souverain.

Devant Silistrie, nous ne parlions guère que
des questions militaires qui nous intéressaient
en ce moment.

Le comte de Langeron, du haut des batteries
où je l'avais conduit, contempla la gracieuse

---

dans l'armée autrichienne; en 1797, il retourna en Russie,
combattit contre les Français à Austerlitz comme lieutenant
général, puis contre la Turquie, fit la campagne de Russie
sous les ordres de Tchitchagoff, celles de 1813 et 1814, devint
gouverneur de Cherson, d'Ekaterinoslaw, de Crimée, de la
Nouvelle-Russie, et tomba en disgrâce, en 1823, jusqu'à la
mort de l'empereur Alexandre. Il mourut du choléra en 1831.

cité de Silistrie comme une ancienne connaissance, car il avait guerroyé dans ces parages, lors de la campagne de 1810. Bien que les batteries, la redoute et le fort que j'avais construits fussent commandés par des officiers d'artillerie ou d'infanterie, le général en chef m'avait permis d'y exercer une autorité à peu près absolue et de les inspecter plusieurs fois par jour. Je dis donc en plaisantant au comte de Langeron :

« Je devrais, mon cher général, faire tirer maintenant en votre honneur quelques coups de canon sur ce groupe si éminemment pittoresque de Turcs que nous voyons là-bas; mais je crois que vous m'en dispensez.

— Vous avez raison, me répondit le général sur le même ton; je ne veux pas faire tuer des hommes pour ma bienvenue; il est, de plus, parfaitement inutile d'engager une affaire. »

« A propos de cela, je vais vous raconter un fait qui se passa sur le terrain que nous dominons en ce moment. Il y a dix-huit ans, je me trouvais comme aujourd'hui devant Silistrie. J'étais encore assez jeune alors pour être très amoureux. Une jolie femme, deux jolies femmes même de Bucharest étaient venues me voir

dans mon camp : l'une d'elles seulement était
là à mon intention. J'offris à celle-ci le bras
pour nous promener, à peu près au point où
nous nous trouvons. A la vue de cette ville
turque et de ces brillants cavaliers répandus
dans la plaine, l'une de ces belles capricieuses
s'écria :

« — Oh ! que je voudrais donc voir une petite
bataille ; cher général, vous devriez bien nous
en donner une.

« Je me récriai sur l'impossibilité de faire
tuer mes soldats pour ses beaux yeux, mais
elle insista en demandant tout au moins un tout
petit combat, la moindre escarmouche. A la fin,
je lui dis :

« — Il m'est impossible de vous accorder ce
que vous désirez ; mais si vous le voulez absolument, nous allons avancer jusqu'à ces buissons,
à quatre cents pas d'ici ; il est probable que les
Turcs tireront sur nous ; les nôtres répondront,
et vous aurez ce que vous demandez.

« J'espérais que la jeune étourdie refuserait ;
mais son amour-propre était engagé ; elle me
prit donc au mot, je dus m'avancer avec mes
deux belles dames valaques et mon aide de

camp, qui, à ce que je crois, s'intéressait à l'une d'elles. Ce que j'avais prévu arriva : les soldats embusqués nous envoyèrent quelques coups de fusil et de carabine, accompagnés de phrases turques, galantes ou injurieuses, je ne sais lequel des deux. Ma téméraire compagne perdit alors son assurance, et s'écria tout émue :

« — Cher comte, en voilà assez ! j'en ai assez, cher comte ! Retournons en arrière ! retournons en arrière !

« J'y consentis naturellement ; mais en chemin, lorsque nous étions arrivés à un passage difficile, mon aide de camp, ayant voulu donner la main à son amie qui trébuchait dans un sentier pierreux, s'arrêta un instant et fut blessé d'une balle au pied. Je rentrai dans le camp ; mais j'étais, comme vous le pensez, très affligé de ma condescendance et de son résultat. »

Le général de Langeron, après être resté quelques jours avec nous, retourna à Bucharest ; il m'engagea à venir le voir.

N'écrivant pas ici l'histoire militaire de cette campagne, je ne raconterai pas tous les combats que nous livrions presque chaque jour. En voici un cependant, assez curieux par ses alternatives

de succès et de revers, et par l'originalité de
ses incidents.

Peu de temps après le départ du comte de
Langeron, le général Roth, voulant bien considérer comme un domaine à moi toutes les batteries et redoutes que j'avais construites sur la
crête des hauteurs d'Akardja et sur la route de
Choumla, m'avait demandé, en plaisantant, de
lui accorder la faveur d'une place à une embra-
sure de mes canons, comme dans une loge
d'avant-scène, pour jouir du spectacle d'un
bombardement nocturne. La flottille des chaloupes-canonnières russes, en remontant le
Danube depuis la mer Noire, allait pour la première fois jeter des bombes et des fusées dans
la ville de Silistrie (1).

Nous étions en effet installés à onze heures
du soir, et, pendant quelque temps, les courbes
lumineuses que décrivaient ces instruments de
mort et d'incendie brillèrent dans la nuit. Le
moindre inconvénient de ce *feu d'artifice* était

---

(1) « Les 2e et 3e escadres de la flottille russe, fortes de 36 bateaux, étaient arrivées le 10 août près de Silistrie. Les Turcs
ne pouvaient leur opposer que 10 canonnières. » (Le colonel
baron DE MOLTKE.)

sa monotonie; il fut, à mes yeux, d'un très médiocre intérêt.

Quelques jours après, le général entra un soir dans ma tente, au moment où je venais de m'y retirer; il me dit :

« Nous venons, Monsieur, de tenir un conseil de guerre : je ne vous y ai pas appelé, car nous avons dû parler russe, et vous auriez peu compris nos délibérations, assez compliquées. Je dois cependant vous communiquer la décision importante que nous avons prise.

« Les Turcs de Silistrie s'enhardissent chaque jour : ils ont reçu des renforts, entre autres une nombreuse cavalerie asiatique commandée par le pacha Seid-Mahmoud ; quant à nous, au contraire, nous perdons constamment du monde par le feu de l'ennemi et la maladie.

« La garnison ne se borne plus à rester dans la forteresse ; elle a établi des avant-postes (ce que dans votre langue militaire on nomme *des logements*) en avant des remparts, et chaque jour ces détachements se renforcent et se portent plus loin. J'ai donc résolu de les intimider cette nuit par une vigoureuse leçon. A dix heures

12.

très précises, le colonel Khomoutoff attaquera leurs retranchements.

« Tenez, continua le général, voici ma montre, je l'ai réglée exactement sur celle de ce brave colonel de nos lanciers de Saint-Pétersbourg.

« Il est dix heures moins un quart : accordez-moi ce soir, de nouveau, un asile dans votre batterie n° 2, d'où l'on voit si bien. A la minute convenue, nous entendrons le premier coup de fusil. »

Nous étions à peine établis dans notre poste d'observation, que le général, éclairant sa montre avec une lanterne de la batterie, suivait attentivement le mouvement de l'aiguille. A la seconde précise où elle marquait dix heures, le premier coup de feu retentit; il fut immédiatement suivi du hourra des assaillants et des cris de terreur de ceux qu'on venait attaquer au milieu de leur sommeil.

Les Turcs surpris se rallièrent pourtant, et résistèrent quelques instants à cette attaque imprévue; nous pouvions le reconnaître à leur cri de guerre et d'encouragement : « Allah! Allah! » qui alternait avec celui de « kali! kali!

(perce! perce!) », très distinctement prononcé par les cosaques et les lanciers russes.

Au bout de moins d'un quart d'heure, ces cris tumultueux et cette vive fusillade cessèrent : les Turcs avaient dû céder et s'étaient réfugiés derrière leurs remparts.

« Ça n'a pas été long, dit le général Roth. Khomoutoff arrange promptement les affaires : les retranchements turcs sont à nous; allons nous coucher, notre tâche est remplie. »

Mais le général se trompait : les Turcs ne se tenaient point pour battus; nous pûmes apprécier leur obstination.

A peine étais-je rentré sous ma tente, où je ne tardais pas à m'endormir, que je fus réveillé par la plus forte des canonnades. Je fus promptement sur pied et près du général. Tous les canons de Silistrie pouvant atteindre les *logements* abandonnés faisaient feu sur les Russes qui venaient de les occuper.

Presque aussitôt la mousqueterie, les cris d'un nouveau combat à l'arme blanche nous firent connaître que, par une vive sortie, la garnison cherchait à reprendre les positions qu'elle venait de perdre. Nous pûmes bientôt juger, par la direction des feux, qu'on se battait sur ce même terrain, très chaudement disputé.

Le général en chef pensa, à cette vue, devoir envoyer un renfort d'infanterie; il m'en donna le commandement. Je descendis la pente escarpée et marchai rapidement vers le point où brillait la fusillade. Un beau clair de lune nous guidait pour franchir le terrain, très accidenté, qui nous séparait du champ de bataille.

L'arrivée du renfort que j'amenais suffit pour rétablir notre supériorité. Les logements restèrent en notre pouvoir.

La garnison turque, cependant, voulut prendre sa revanche dès la pointe du jour, et fit une nouvelle sortie dans une autre direction; elle se porta même du côté du fort que j'avais construit, et qui se nommait le *Pentagone.* Notre général s'irrita alors de l'audace de ses adversaires, et m'envoya avec un renfort de 400 hommes sur le point menacé.

J'étais déjà à une certaine distance, quand il me fit rappeler par un aide de camp pour me donner quelques instructions; il me dit enfin comme recommandation principale :

« Ménagez vos hommes, car je ne puis pas

disposer de renforts plus considérables sur cette partie de mon front. »

Ces 400 hommes du régiment de Sélenginski (1) avaient, pendant ce temps, continué à marcher, et se dirigeaient du côté de la forteresse. Ils firent halte pour m'attendre. Je les rejoignis alors, mais comme nous avions un terrain abrupt et partiellement très rocailleux avant d'aborder l'ennemi, je mis pied à terre et dis en langue russe à ce bataillon :

« Sélenginski est à pied, je ne veux pas rester à cheval. »

Le bataillon répondit par de joyeuses acclamations à ce peu de mots russes. Il fut formé en carré, car nous allions être harcelés par la cavalerie ennemie. Nous apercevions devant nous et sur nos flancs les chefs du contingent asiatique, aux riches cafetans de vives couleurs, excitant leurs guerriers les plus vantés

---

(1) Le nom de ce régiment est fréquemment cité dans l'histoire des guerres de cette époque. Joint à celui de Tchernigoff, il faisait partie des troupes qui combattirent la Jeune Garde sur les bords de la Losmina, à la bataille de Krasnoé. J'ai retrouvé son nom dans la guerre de Crimée. Une des redoutes russes construites en avant des remparts de Sébastopol portait le nom de redoute de Sélenginski. (*Note du baron de Bourgoing.*)

(c'est-à-dire les *dehly*, les furieux ou insensés), coiffés de grands bonnets noirs, étroits, d'une hauteur prodigieuse, et qui caracolaient autour de nous, en nous menaçant.

Un jeune officier russe sortit alors des rangs et vint me dire, en brandissant son épée :

« Monsieur, vous serez content de nos soldats.

— Je n'en doute pas, répondis-je, mais veuillez rester auprès de moi pour me servir d'interprète. »

En arrivant près de ce bataillon étranger, j'avais évité de me présenter comme destiné à le commander, bien que le général m'y eût autorisé. Je crus devoir me borner à me placer à l'angle extérieur du carré, le sabre à la main, et à marcher au commandement du chef de bataillon.

J'indiquais ainsi que je n'étais là que pour transmettre au chef russe la direction que je lui apportais comme aide de camp de son général en chef; le commandant de Gorsten prononça les mots de : « En avant, marche! » et fit battre la charge. Mais, après quelques pas, il tomba grièvement blessé d'une balle dans le flanc; dès lors, le carré n'obéit plus qu'à ma voix; je conduisis mes 400 hommes à l'attaque; les canonniers de ma batterie n° 2, qui se trouvaient sur la montagne voisine de celle que nous parcourions, m'ayant reconnu, m'avançant au pas de charge, tirèrent alors, pour me donner un gage de leur affection, sur la foule confuse et bigarrée des Turcs au milieu de laquelle nous pénétrions. A la vue de cette troupe régulière, l'ennemi ne résista pas long-temps; il fut repoussé et se mit de nouveau à l'abri de ses remparts. Le combat cessa et ne se renouvela plus.

Le rapport russe, par excès de déférence courtoise pour un volontaire étranger, voulut bien m'attribuer en partie le succès final de cette journée (1).

---

(1) *RAPPORT adressé par le général d'infanterie Roth, commandant du 6e corps d'armée, au feld-maréchal comte de Wittgenstein.*

« N° 2218, ce 4 septembre 1828.

« Dans le combat qui a eu lieu le 10 août contre les Turcs, au moment où j'envoyais deux compagnies d'infanterie du régiment de Sélenginski, pour renforcer celui de Iakoutski, qu'un ennemi supérieur obligeait à abandonner sa position, M. de Bourgoing, premier secrétaire de l'ambassade de France à la Cour de Russie, attaché au corps qui se trouve sous mon commandement, me fit l'offre de les conduire dans

En reprenant les positions que l'ennemi avait successivement conquises et momentanément occupées, mes soldats me firent remarquer, dans les buissons qui bordaient notre route, plusieurs corps sans tête. L'usage d'emporter ces horribles trophées subsistait encore alors parmi les auxiliaires que la Turquie d'Asie envoyait à l'armée ottomane, et que nous avions combattus ce jour-là.

Cette affaire, qui dura dix-huit heures avec quelques interruptions, fut, comparativement au nombre des combattants engagés, la plus meurtrière de celles que nous ayons eues devant Silistrie.

Les colonels de lanciers Khomoutoff et d'Anrep y conduisirent leurs troupes avec beaucoup

---

un feu très meurtrier; il s'acquitta de cette tâche avec un courage digne des plus grands éloges.

« Dans la suite, quand le colonel Khomoutoff, qui commandait le détachement, conduisit sa troupe à l'attaque, M. de Bourgoing, à la tête des deux compagnies, se jeta en avant, et, au milieu du combat à l'arme blanche, remplaça le major de Gorsten, grièvement blessé, dont il garda le commandement jusqu'à ce que les Turcs fussent entièrement repoussés, et mérita toute notre reconnaissance par la brillante valeur dont il fit preuve en cette occasion.

« Conforme à l'original.

« *Le Chef d'état-major du corps d'armée en Valachie,*
« GERMANN. »

de courage et d'habileté. Le premier a obtenu un brillant avancement : il est aujourd'hui attaman des cosaques, c'est-à-dire colonel-général, ou chef suprême de toute cette armée de cavalerie légère. Le colonel d'Anrep fut grièvement blessé dans le combat nocturne du 28 juillet.

Je voyais souvent le colonel Khomoutoff, soit chez le général, soit dans son propre campement, et il nous arriva à tous deux, pendant notre séjour devant Silistrie, je ne dirai pas une aventure, mais simplement un incident de guerre assez étrange.

J'avais pour habitude, pendant tout le temps de la construction et du perfectionnement de mes fortifications, de partir chaque soir avec les 400 ou 500 soldats qu'on me donnait à cet effet; je les conduisais à l'endroit où ils devaient travailler; il fallait souvent parcourir d'assez grandes distances, car la ligne de notre camp avait environ une lieue et demie. Lorsque j'avais installé et mis à l'ouvrage mes hommes munis de pioches et de bêches, placé convenablement ceux armés de fusils, et veillé à la répartition des sentinelles, je regagnais à

cheval ma tente, située sur le plateau de Kara-
chislik.

Un soir, je rencontrai en m'en retournant le
colonel Khomoutoff qui, suivi d'un seul lan-
cier d'ordonnance, parcourait les avant-postes
placés entre le camp et la forteresse. Le chemin
qu'il avait à suivre nous conduisait en avant
de la ligne des vedettes russes ; comme c'était
le plus court, je consentis à accompagner ce
jeune chef. Nous cheminions en causant à voix
basse, lorsque j'entendis comme le bruit d'une
balle qui sifflait à mes oreilles. Aucun coup de
fusil n'ayant retenti, je crus que je m'étais
trompé ; mais, quelques minutes plus tard, le
même bruit aigu et prolongé se fit entendre :
cette fois, je le reconnus positivement, je jugeai
néanmoins convenable de n'en rien dire à mon
compagnon de route.

Le lendemain, cette énigme me fut expli-
quée. Le colonel Khomoutoff vint à moi.

« N'avez-vous pas entendu hier soir, me
dit-il, siffler deux balles près de vos oreilles,
pendant que nous marchions autour de la forteresse ?

— Sans doute, mon cher colonel ; mais,

pouvant me tromper, je ne vous en ai pas dit un mot, craignant de passer, à vos yeux, pour un visionnaire.

— J'ai eu la même pensée, me répondit le colonel. Je me suis dit : il me semble bien reconnaître le bruit de deux balles, mais comme aucun coup de feu ne s'est fait entendre, si j'en parle, que pensera de moi cet officier français? Voici, maintenant, ce que je viens d'apprendre : je sors de la tente du général Roth, on y a reçu les rapports des chefs des avant-postes ; ils disent que, pendant cette nuit, les Turcs sont sortis de la forteresse avec des fusils à vent et qu'ils ont tiré sur les sentinelles. »

J'étais dans les mêmes termes de bonne amitié avec le chef des lanciers de Kharkoff. Le comte d'Anrep, très jeune encore, était parvenu au grade de colonel, et, comme son collègue du régiment de Saint-Pétersbourg, il se distinguait par son courage et l'amabilité de son caractère. Je dois, en général, rendre hommage au gracieux accueil que j'ai trouvé constamment pendant tout mon séjour dans l'armée de l'empereur Nicolas.

On vante avec raison l'hospitalité russe; c'est

réellement une qualité nationale, conservée comme un héritage des anciens temps.

La position que le général en chef donnait à un officier étranger, les commandements qu'il me confiait, auraient pu exciter l'envie : je ne trouvai au contraire que des égards et des prévenances.

Il existe dans cette armée un usage qui mérite d'être rapporté. Il m'arrivait souvent de me trouver en tournée dans quelque partie éloignée de notre campement, et d'y rencontrer l'un de ces colonels ou autres chefs qui m'accueillaient avec l'empressement le plus amical. Si, pendant le séjour que je faisais sous leur tente ou à l'abri de leur balagan, un officier subalterne ou un sous-officier arrivait des avant-postes pour faire son rapport, à peine avait-il articulé ses premières phrases, que le colonel l'interrompait en lui disant :

« Adressez votre rapport à l'officier français ici présent, il est notre fidèle allié, notre frère d'armes, nous n'avons rien de caché pour lui. »

Comme je le remerciais de cette politesse, mon hôte me répondait :

« J'obéis avec plaisir à l'une des plus anciennes traditions d'hospitalité des armées de la vieille Moskovie. »

Le moment approchait où je devais quitter Silistrie pour retourner auprès de l'ambassadeur et reprendre la route de Saint-Pétersbourg, car la campagne touchait à sa fin. Avant mon départ, je fus chargé d'une mission près du comte Pahlen, gouverneur général des principautés.

En traversant le Danube, je rencontrai un convoi de nos blessés qu'on évacuait sur Bucharest. Je crus devoir faire quelques largesses à ces braves gens, parmi lesquels se trouvait un assez grand nombre de fantassins du régiment de Sélenginski. Je les reconnus à leurs contre-épaulettes rouges, signe distinctif qu'ils portaient sur leur longue capote grise. Comme c'étaient les soldats que j'avais commandés et qui avaient été blessés à côté de moi, je leur donnai le double de ce que j'avais offert à leurs camarades. Je restai quatre jours à Bucharest, et je revins au camp pour faire mes préparatifs de départ. Un matin, je passais près de la droite du camp de ce régiment; l'un des plus anciens soldats vint à moi et me dit :

« Notre corps a appris ce que vous avez fait

en faveur de ses blessés ; pour vous remercier,
la 1ʳᵉ escouade de la 1ʳᵉ compagnie vous prie
de venir partager sa soupe. »

J'acceptai avec plaisir cette invitation, dont
la franche cordialité me charma.

Peu de jours après (1), le général Roth reçut
l'avis que son corps d'armée allait être remplacé
devant Silistrie par celui du prince Tcherbatoff (2).

Je me décidai à presser mon départ ; je re-
merciai sincèrement le général, qui avait été
rempli d'attentions pour moi, et me mis en

___

(1) « Saint-Pétersbourg, le 4/16 décembre 1828.

« Si le général Roth n'avait établi qu'un simple blocus, il
léguait, au moins, à son successeur une ligne défensive complète, précédée de quelques batteries avancées, toutes prêtes
pour un bombardement. Les points d'attaque se trouvaient
indiqués à la droite des positions russes, le long du Danube
et sous la protection de la flottille, composée de trente-deux
chaloupes - canonnières offrant le puissant auxiliaire de
soixante-douze bouches à feu. Tout semblait donc prêt pour
agir avec fruit, lorsque la funeste maladie du prince Tcherbatoff obligea à tout suspendre. Les généraux qui comman-
daient sous lui attendirent des ordres. Le temps s'écoula, et
la saison vint créer des obstacles auxquels il fallut céder. »
(*Le baron de Bourgoing au comte de La Ferronnays.*) Arch.
Min. Aff. étr.

(2) Les deux divisions du 6ᵉ corps reçurent, le 15 septembre, l'ordre de se rendre au camp de Choumla ; elles furent
remplacées par le 2ᵉ corps d'armée, que commandait le prince
Tcherbatoff.

route dans la direction d'Odessa, où je rejoignis notre ambassade. Le duc de Mortemart partit de cette ville pour Paris. Je me dirigeai sur Saint-Pétersbourg en qualité de chargé d'affaires.

* *

Les victoires de 1829 trompèrent les prévisions sinistres de l'Autriche; mais ni l'empereur Nicolas, ni aucun officier étranger ne parurent dans cette seconde campagne, qui se termina par la paix d'Andrinople.

Un traité aussi avantageux donna lieu, à Saint-Pétersbourg, pendant l'hiver de 1829 à 1830, à des fêtes brillantes. La plus remarquable fut un bal de cour ou figurèrent les dieux et déesses de l'Olympe, les uns revêtus de costumes resplendissants et du meilleur goût, les autres travestis d'une façon burlesque. Des pièces de vers en russe et en français furent récitées ou chantées par ces personnages allégoriques. Les plus applaudis de ces déguisements furent ceux des jeunes femmes, choisies exprès pour faire un gracieux contraste avec les divinités dont elles portaient le costume guerrier ou les terribles attributs.

Ainsi, la belle comtesse Strogonoff parut revêtue de la tunique écarlate, de la cuirasse d'or et du casque à grand panache du dieu Mars. Ainsi, l'on vit la charmante comtesse Sophie Apraxine, remarquable par la délicatesse et la régularité de ses traits, s'avancer au milieu du salon, vêtue en Hercule. Elle portait la peau du lion de Némée et l'énorme massue qui écrasa l'hydre de Lerne; elle se plaça devant la famille impériale et récita une pièce de vers dans laquelle Hercule demandait à se charger, tout seul, du travail alors ordonné par l'Empereur; il s'agissait de façonner et d'apporter à Saint-Pétersbourg la Colonne Alexandrine, ainsi appelée du nom de l'empereur Alexandre Ier. Ce monument devait être taillé dans les montagnes rocheuses de la Finlande, et formé d'un seul bloc de granit rose et gris. Ce monolithe avait exactement la dimension de notre colonne de la place Vendôme. Tel était le petit bloc qui, suivant l'expression de cet Hercule, peu content, disait-il, de ses douze travaux, devait être dressé par lui seul sur la place du palais.

La Colonne Alexandrine fut effectivement érigée trois ans plus tard sur cette place; mais, au lieu de la main blanche et mignonne qui s'élevait vers l'Empereur en lui promettant ce treizième travail d'Alcide, on dut employer 200 cabestans et les bras de 10,000 soldats de la Garde impériale. C'est ainsi que s'accomplit cette merveille de dynamique cyclopéenne. La réussite de ce tour de force effaça tout ce que les Egyptiens, les anciens Celtes et les Scandinaves sont parvenus à faire de plus étonnant dans l'art, assez ingrat, de remuer les grosses pierres.

*
* *

Lorsque le duc de Mortemart repartit pour Paris, au mois de mai 1830, en me laissant de nouveau à Saint-Pétersbourg comme chargé d'affaires, l'empereur Nicolas lui recommanda instamment de donner, de sa part, au roi Charles X des conseils de modération et de respect à la Constitution.

Ses appréhensions pour la France et pour ce roi, qu'il nommait son *ami*, étaient sans cesse renaissantes, mais il recevait souvent aussi, par son ambassadeur, le général Pozzo di Borgo, des nouvelles qui le rassuraient, et plusieurs fois il me dit, le matin, à la parade où je le

13.

voyais presque chaque jour, des phrases comme celle-ci :

« J'ai eu de meilleures nouvelles; j'espère qu'on ne fera pas d'imprudences. »

Il était tout naturel, en effet, qu'au moment de prendre un parti décisif et périlleux, il y eût dans le conseil du roi Charles X beaucoup d'ajournements et d'hésitation.

Sous d'autres rapports, l'empereur de Russie n'avait alors que des motifs de satisfaction; il venait de terminer deux guerres heureuses contre la Turquie et contre la Perse; des augmentations de territoire compensaient les pertes que ces guerres avaient occasionnées. Il conservait beaucoup de reconnaissance pour les bons procédés que la France et la Prusse avaient eus pour lui pendant les deux dernières années et lors du traité d'Andrinople. Il est vrai que ce prince était encore très animé contre l'Autriche, qui s'était montrée hostile à sa politique; il avait alors la même répulsion pour l'Angleterre, avec quelques nuances plus adoucies. Vers cette époque, cependant, l'aspect, toujours si mobile, des intimités et des antipathies alternatives entre les cinq grandes puissances européennes

n'était pas loin de réaliser le souhait énergique
que le grand-duc Constantin avait exprimé un
jour au comte de La Ferronnays :

« Ah ! mon cher comte, avait-il dit, quand
verrons-nous les *verts* et les *bleus* (les Russes,
les Français et les Prussiens) se réunir pour
combattre les *blancs* et les *rouges* (les Autrichiens et les Anglais)? »

Ces dispositions favorables aux intérêts français se manifestèrent surtout à l'époque où
l'expédition d'Alger se préparait. L'Empereur
m'en parla avec la plus chaleureuse sympathie.

« Votre pays, me dit-il, se prépare à une
grande et noble expédition. N'est-il pas honteux
pour les puissances navales de laisser se perpé-
tuer dans la Méditerranée cette piraterie afri-
caine, et de voir la Suède, la Sardaigne et plusieurs autres Etats payer à ces barbares un
tribut annuel pour s'affranchir de leurs dépré-
dations? Votre pays s'arme pour une bonne
cause; il est juste qu'il recueille une récompense
pour ce service, et je lui souhaite du fond de
mon cœur cette belle conquête. Je voudrais
offrir à votre Roi la coopération de mes soldats,
mais la France n'en a pas besoin. Voici du

moins ce que j'ai dit : J'ai ordonné au comte Tchernicheff (le ministre de la Guerre) de rassembler, dans nos archives, tout ce qui a rapport à la manière de combattre des Orientaux. Je veux que vous profitiez de l'expérience que nous avons acquise par nos longues guerres contre eux, dans la Turquie d'Europe et en Asie. Une chose plus importante encore peut-être, c'est l'hygiène à suivre dans ces contrées si insalubres; elles ont de grandes analogies avec celles où nos Russes combattent depuis des siècles; j'ai ordonné qu'on fît pour votre armée des mémoires sur toutes ces questions. Je regrette de n'offrir à votre Roi que si peu de chose : *mais on fait ce qu'on peut;* j'espère que la France y verra du moins ma bonne volonté. »

Quelques jours après cette manifestation d'une sympathie si expansive pour la France et son souverain, l'empereur de Russie me donna publiquement un nouveau témoignage de la vive part qu'il prenait à tous nos succès et aux avantages que nous en retirerons. Peu de temps avant la Révolution de Juillet, on reçut à la Cour de Russie la nouvelle de la conquête

d'Alger. L'empereur Nicolas était en ce moment
à quelques lieues de Saint-Pétersbourg ; il assis-
tait à l'exercice à feu de l'artillerie de sa Garde.
Il m'envoya à Saint-Pétersbourg un aide de
camp, chargé de m'amener, sans aucun délai,
sur ce champ d'exercice, à l'entrée duquel
m'attendait un cheval des écuries impériales.
Je me dirigeai de là, au galop, vers les batteries au milieu desquelles se trouvait l'Empereur. Sa Majesté vint au-devant de moi et me
dit :

« Les Français viennent de prendre Alger.
Ecrivez à votre Roi que cette conquête m'a
rempli d'autant de joie que si elle avait été
faite par les canons qui font feu dans ce moment. »

La salve d'une batterie de douze pièces de
rempart vint, par hasard, à cet instant même,
confirmer cette félicitation.

Un matin, à la parade, l'Empereur me dit
sans aucune transition :

« Si vous n'avez jamais vu Cronstadt, voulez-vous venir demain avec moi en visiter les
fortifications ? »

J'acceptai avec empressement.

« J'emmène aussi le capitaine A'Court, frère de l'ambassadeur d'Angleterre (1), et je suis persuadé que vous ne regarderez pas les canons de mes batteries avec les mêmes yeux qu'un officier de la marine de Sa Majesté Britannique, car j'ai pu distinguer, dans les circonstances que nous venons de traverser, quels sont à mon égard les sentiments de la France et ceux des autres pays. »

Le lendemain, je me rendis sur le port, à l'endroit qui m'avait été désigné; j'y trouvai une longue barque à voile et à rames : c'était le canot impérial. Seize rameurs, en grande tenue, en occupaient les bancs. Le capitaine A'Court arriva en même temps que moi. L'Empereur nous suivit de près; il n'était accompagné que de quelques officiers. Il s'assit avec le brave capitaine anglais et moi à l'arrière de l'embarcation, et nous commençâmes à voguer dans le golfe de Finlande.

La mer était calme et le temps magnifique. A droite, nous voyions la côte qui s'étend de Saint-Pétersbourg au nord de Cronstadt; à

---

(1) Sir William A'Court, lord Heytesbury.

gauche, celle bordée des maisons de campagne et des blanches villas des riches seigneurs de cette capitale opulente; puis apparaissaient les palais impériaux : Alexandra, Péterhof, Oranienbaum.

Pendant ce trajet d'assez longue durée, l'Empereur s'entretenait avec ses compagnons de voyage. Au bout d'une heure, après avoir abordé plusieurs sujets de conversation, il me dit, dans un moment de silence :

« Racontez-moi donc quelque chose de votre campagne de Silistrie?

— Les désirs de l'Empereur sont des ordres, répondis-je, et j'obéis sans préambule. Je vais raconter mon arrivée auprès du général Roth, au moment où il passait le Danube avec le 6ᵉ corps de votre armée.

— C'est fort bien. Voyons le récit de votre arrivée aux bords du Danube.

— J'étais parti, Sire, du camp impérial de Karassou, où Votre Majesté s'était arrêtée quelques jours après avoir franchi le rempart de Trajan, et je devais rétrograder au nord, à travers les steppes de la Dobroutcha. On m'avait assigné pour escorte quatre cosaques du Don.

Un officier d'état-major ne leur avait donné
d'autres instructions que celle de me conduire
en ligne, parfaitement droite, vers le point qu'il
leur indiquait. Je me préparai au départ. Déjà
tout le camp était levé; votre armée marchait
vers le midi dans la direction de Choumla et
des Balkans; les troupes et les bagages dispa-
raissaient derrière les collines qui bordent
l'horizon. Les derniers bataillons de votre ar-
rière-garde étaient à peine visibles au loin, et
les échos des rochers de Tchernavoda m'appor-
taient encore les airs de leurs musiques militaires. C'étaient ceux de *La Dame blanche* et
de *Michel et Christine*, les chants de ma patrie
devenus marches guerrières de mes nouveaux compagnons d'armes, auxquels j'envoyais de loin mes adieux et mes vœux les
plus sincères.

« Bientôt je me trouvai seul avec mon escorte
à l'une des extrémités de la ligne, déserte en
ce moment, mais naguère encore occupée par
les tentes impériales, une brillante Cour militaire et toute une multitude armée.

« A l'autre bout de ce front de bandière
abandonné, j'apercevais cependant une calèche

de voyage et quatre cosaques. Comme ce groupe était resté immobile au milieu du mouvement général qui venait de s'opérer, j'en conclus que cette caravane de guerre, en tous points semblable à la mienne, pouvait être destinée à marcher, comme nous, vers les rives du Danube.

« J'envoyai en conséquence un de mes cosaques pour prendre des informations. Il me rapporta pour réponse que cette calèche était celle du comte Bulgary, appartenant au corps diplomatique russe, et que Votre Majesté envoyait en Grèce en qualité de ministre plénipotentiaire. Je me rendis aussitôt auprès de lui : notre connaissance fut bientôt faite.

« Bien que je portasse l'habit militaire, je me présentai comme un collègue en diplomatie. Le comte Bulgary me proposa naturellement de voyager ensemble.

« — Réunissons nos deux escortes, me dit-il ; avec huit cavaliers, nous et nos gens bien armés, nous sommes en état de braver les coureurs turcs répandus, m'a-t-on dit, dans les plaines désertes que nous allons traverser.

— Eh bien, interrompit l'Empereur, avez-vous fait quelque rencontre de cette espèce?

— Non, Sire; j'aimerais pouvoir placer ici le récit de quelque belle escarmouche bien pittoresque; mais je ne devais voir les cimeterres et les turbans que devant Silistrie. Nous n'eûmes qu'une fausse alerte, que je ne raconterai pas; une alerte sans coups de fusil ne doit pas figurer dans un récit bien inspiré.

— Racontez toujours, reprit l'Empereur. Suivons votre marche; voyons votre alerte sans coups de fusil!

« Nous venions de faire environ deux lieues depuis que nous avions quitté l'armée de Votre Majesté, et j'étais dans ma calèche, occupé à lire les *Commentaires de César* pour charmer la longueur du voyage, lorsque notre troupe s'arrêta tout à coup; je vis alors venir à moi le comte Bulgary, qui me dit :

« — Nous nous connaissons, Monsieur, depuis deux heures à peine, mais je suis forcé de vous faire inopinément une question un peu vive : Avez-vous des armes à feu dans votre voiture, et pouvez-vous compter sur le courage de vos domestiques?

« — J'ai, répondis-je, deux paires de pistolets, un fusil de chasse à deux coups et dix paquets de cartouches. Quant à mes domestiques, celui-ci, mon chasseur, ce grand gaillard qui est assis sur le siège, est un ancien carabinier piémontais qu'aucun danger n'intimide. Les deux autres, le cocher et le palefrenier, sont deux Russes m'inspirant toute confiance. Mais pourquoi me demandez-vous cela?

« — C'est que, d'ici à une demi-heure, nous allons très probablement prendre un bain de sang.

« — Va pour le bain de sang! Mais qui nous le prépare, je vous prie?

« — Voici le fait : ce village, qui achève de brûler à notre gauche, a été surpris, il y a quelques jours, par un parti de cavaliers turcs qui ont tranché la tête à une douzaine de nos hussards. Les deux cosaques que nous avons envoyés en avant, comme éclaireurs, viennent de me faire le rapport que les Turcs sont revenus, et, dès qu'ils verront nos calèches, ils vont accourir vers nous.

« Nous n'apercevions rien encore du côté du village incendié, mais il était prudent de se tenir sur ses gardes. Nous entendîmes deux

coups de fusil, c'était peu de chose; c'en était
assez pour nous donner l'éveil; nous prîmes
donc nos dispositions, et nous fîmes charger
pistolets et mousquets. Le comte Bulgary était
un homme courageux et prévoyant; il avait des
armes et des munitions. Cinq de nos cosaques
portaient, indépendamment de leurs lances,
des fusils en bandoulière. Nous étions en tout
quinze hommes résolus à nous défendre, car
nous savions que les partisans turcs ne font
aucun quartier. Retourner en arrière eût été
une détestable opération stratégique, nous aurions été infailliblement rejoints par ces cavaliers; il était plus sage de rester et de faire
bonne contenance. Si les spahis turcs sont peu
nombreux, nous disions-nous, et si nous les
accueillons tout d'abord, à une bonne distance,
par sept coups de fusil bien ajustés, il est probable qu'ils refuseront le combat. Ne tirons qu'à
coup sûr, c'est un excellent début pour des gens
qui attendent une troupe ennemie accourant au
galop; en tous cas, nos chances seront meilleures que si nous battions en retraite.

« C'est ici que je voudrais, Sire, dans l'intérêt
de mon épisode, avoir à vous dépeindre un beau

combat entre notre petite troupe et une vingtaine
de musulmans accourus aux cris d' « Allah! »
mais je ne raconte que ce qui est vrai.

— Qu'arriva-t-il donc finalement? dit l'Empereur.

— Je dois avouer, Sire, que notre magnifique plan de campagne devint tout à fait
superflu; car, au bout de quelques instants,
les cosaques qui étaient retournés au village
revinrent, et nous apprirent que les sept ou huit
cavaliers turcs qu'ils avaient d'abord aperçus
s'étaient sauvés dans la direction opposée, vers
l'occident, parce qu'ils avaient trouvé des traînards et des maraudeurs assez nombreux pour
se défendre.

« Notre troupe continua donc paisiblement
sa route vers le nord, se bornant à s'éclairer
convenablement.

« Le soir du quatrième jour, elle arriva à la
forteresse turque de Hirsova, qui venait d'être
prise par vos troupes ; sans nous y arrêter, nous
remontâmes le Danube pour aller au-devant du
général Roth, qui commençait à franchir le
fleuve sur ce point. A notre arrivée, une brigade
d'infanterie venait de passer de la rive valaque

à la rive bulgare; l'artillerie effectuait également ment son passage.

« J'avais atteint ma destination, mais mon compagnon de voyage, excité par le désir de remplir les ordres de Votre Majesté, était impatient de se trouver sur l'autre rive. Il eut l'idée de prendre, pour traverser le Danube, l'une des barques qui s'en retournaient à vide après avoir amené une pièce de canon; il se fit connaître comme ministre de l'Empereur, chargé d'une mission importante, et obtint la permission d'embarquer sa calèche et nos huit cosaques.

« — Imitez-moi, me dit-il, le général Roth ne passera pas de sa personne avant demain ou après-demain; vous ne pouvez pas rester si longtemps séparé de vos gens et de vos chevaux; faites comme moi et emparez-vous de cette barque venant d'amener un caisson de munitions.

« — Je m'en garderai bien, répondis-je; il ne faut pas que j'indispose tout d'abord ce chef avec lequel je vais faire une campagne; ce serait un mauvais début.

« — Venez du moins avec moi de votre personne.

« — Volontiers, je n'y vois pas d'inconvénient.

« J'entrai alors dans la barque pour voguer vers la rive opposée. A peine étions-nous au milieu du fleuve que je remarquai sur l'autre bord un homme se promenant à grands pas d'un air fort animé. Rien qu'à sa démarche précipitée, je devinai que c'était mon général Roth qui, très justement mécontent de voir qu'on retardait le passage de ses canons, préparait au comte Bulgary un débarquement très orageux.

« Dès que nous fûmes à portée de la voix, il s'éleva une très vive dispute entre le général en chef, irrité du peu d'égards qu'on avait pour son artillerie, et l'agent diplomatique, pénétré de l'importance de sa mission, convaincu en outre de la nécessité d'arriver promptement à à Athènes. J'entendis l'interpellation, la réponse et la réplique; je comprenais ou devinais presque entièrement ce qui se disait de part et d'autre en langue russe; je connaissais d'ailleurs le sujet de la querelle, et, par l'intonation, je pouvais juger de la vivacité de quelques expressions dont le sens m'échappait.

« Le diplomate tenait vigoureusement tête
au général ; l'organe pacifique traitait d'égal à
égal le commandant de toute une armée.

« Quant à moi, je conservais les sentiments
d'une stricte neutralité entre les représentants
de ces deux nobles professions.

— Je parierais que non, interrompit ici
l'Empereur ; je suis sûr que votre cœur de
soldat penchait plutôt vers le chef militaire.

— Ne discutons pas ici, je vous en supplie,
Sire, une aussi délicate question. Votre Majesté
ne m'approuverait pas, si je désertais complètement la cause de mes collègues en diplomatie :
je me bornerai à dire que bientôt la barque
toucha le rivage, et que ce fut sous des aus-
pices assez peu favorables que je me présentai
au général, encore tout ému d'une scène aussi
vive.

— Je reconnais bien là mon brave général
Roth, dit l'Empereur ; c'est un vaillant soldat,
mais très jaloux de son autorité.

« Cette altercation entre lui et le comte Bulgary avait continué quelques instants sur le
rivage valaque. Tout en parlant et en gesti-
culant avec chaleur, le général jetait parfois

un regard oblique et curieux sur cet officier en
uniforme français, qui était là à vingt pas et
venait d'arriver avec le ministre de Russie en
Grèce. Celui-ci, n'ayant plus rien à faire ni à
dire, était déjà parti dans la direction de
Bucharest.

« Je crus devoir mettre un terme à l'incertitude que ma présence semblait faire naître chez
le général Roth, et, m'étant approché, je remis
entre ses mains la lettre de Votre Majesté.

« Cette vue opéra un changement notable et
subit; son visage, encore enflammé et contracté
par la colère, prit tout à coup l'expression la
plus gracieuse. En lisant la lettre dans laquelle
le premier secrétaire de l'ambassade de France
en Russie lui était annoncé comme devant être
attaché à son corps d'armée, il parut quelque
peu surpris. C'était chose assez étrange, en effet,
de voir un premier secrétaire d'ambassade armé
d'un grand sabre et suivi de quatre cosaques
d'ordonnance.

« Le général Roth me parla d'abord avec
beaucoup de prévenance. Il me dit même, d'un
ton presque enjoué, peut-être un peu ironique
cependant :

« — Mais, Monsieur, j'aperçois sur l'autre rive une calèche qui probablement est à vous. N'avez-vous pas été tenté, comme votre compagnon de route, de la faire passer avec vos cosaques sur l'une de ces barques?

« Je saisis l'occasion qui m'était offerte pour le calmer tout à fait, et je dis :

« — Je n'en ai pas eu la pensée, mon général. En temps de guerre, je donnerais vingt calèches pour un canon.

—Bien répondu! interrompit alors l'Empereur.

— Il paraît, Sire, que le général en chef de votre 6e corps jugea ma réponse avec la même bienveillance; car, dès ce moment, il me témoigna l'amitié dont j'ai eu à me louer pendant mon séjour auprès de lui.

« Il dit alors :

« — Je vois par cette lettre, Monsieur, que vous venez pour prendre part à nos opérations militaires. Auprès de quelle arme désirez-vous que je vous place?

« — Comme vous voulez bien m'en laisser le choix, mon général, repartis-je, je vous demanderai de m'attacher successivement aux armes diverses, afin que je puisse admirer la vaillance russe sous toutes ses formes.

« — Pour remplir vos désirs, dit mon nouveau chef, je vous offre de rester à mon état-major. Je vous donnerai différentes missions ou commandements, suivant les circonstances. Veuillez vous considérer, dès ce moment, comme mon hôte. »

A la fin de mon récit, que l'Empereur avait accompagné de ces mots : « Eh bien, il me semble que vous aviez convenablement arrangé vos affaires ! » je m'aperçus que nous étions assez rapprochés de Cronstadt, et je dis :

« J'aurais voulu raconter à Votre Majesté autre chose encore que mon début au 6e corps; je lui aurais fait le tableau de mon arrivée devant Silistrie avec une avant-garde de cent cosaques du Don et de l'Oural, en compagnie du comte Georges Tolstoï, votre aide de camp. Nous aperçûmes tout à coup cette ville avec ses blancs minarets et leurs pointes aiguës brillant au soleil levant. J'aurais raconté nos combats pendant ces deux mois de blocus, la construction des batteries et d'un petit fort dont le général Roth voulut bien me charger.

« J'avais nommé cet ouvrage, armé de canons et de mortiers, *le Pentagone,* et vos soldats l'appelaient habituellement *Françouski Pentagone* (le Pentagone français). Mais je n'aurais pas le temps pour tous ces récits.

— Nous avons encore cependant dix minutes à causer tranquillement, dit l'Empereur.

— Elles me serviront du moins, répondis-je, pour exprimer à Votre Majesté un regret.

— Un regret ! comment cela ?

— Le voici : la 16e division de ligne, qui faisait partie des troupes bloquant Silistrie en 1828, comprenait, entre autres, quatre régiments d'infanterie, portant les noms des provinces et villes les plus septentrionales de la Russie : Kamtchatka, Sélenginski, Ochosk et Jakousk.

— C'est bien cela, dit l'Empereur, ce sont les noms des régiments de la 16e division.

— Eh bien, j'ai commandé successivement des détachements de tous ces corps, à l'exception de celui de Kamtchatka : voilà mon regret.

— Pourquoi auriez-vous donc tant désiré commander des soldats du régiment de Kamtchatka ?

— Il me semble, Sire, que cela aurait bien

figuré dans mon humble biographie. Ce nom, d'ailleurs, me plaît, parce qu'il me rappelle l'immensité de l'empire de Votre Majesté.

— Flatteur!... dit l'Empereur en souriant. Mais, ajouta-t-il, nous approchons de la flotte de Cronstadt; vous allez entendre tout à l'heure une vigoureuse canonnade. Veuillez, Messieurs, vous lever un instant. »

Nous obéîmes. L'Empereur souleva alors le couvercle de la banquette sur laquelle nous étions assis et tira de ce coffre un grand pavillon jaune d'or, portant l'aigle noir à deux têtes, tenant dans ses griffes l'écusson de Saint-Georges, armé de pied en cap. Ce pavillon est l'étendard souverain, le gonfalon impérial qui annonce la présence du monarque à bord du bâtiment qui l'arbore. Sa Majesté le hissa de sa propre main au mât de son yacht. Dans le même instant, les vingt-cinq vaisseaux de haut bord, les quinze frégates rangés en ligne devant Cronstadt, dont tous les capitaines avaient braqué leur télescope sur l'esquif impérial, firent retentir les échos des deux rives de Finlande et d'Ingrie du tonnerre de leurs deux mille pièces éclatant à la fois.

14.

Nous nous récriâmes tous sur la majestueuse beauté de ce spectacle.

Arrivés à Cronstadt, l'Empereur nous conduisit, le capitaine A'Court et moi, sur toutes les lignes de granit de ce bouclier de Saint-Pétersbourg; nous le suivions dans les batteries qui étaient alors en pleine construction. Il visita dans le plus grand détail ces remparts hérissés de bouches à feu gigantesques. J'y remarquai, entre autres particularités de construction, que les blocs de granit, taillés carrément, se superposaient l'un à l'autre sans être reliés par aucun ciment, et tenaient ensemble par le moyen de cubes très réguliers, de la dimension de petits pavés, entrant par moitié, en haut et en bas, dans des mortaises de même forme, creusées dans les deux assises.

Parfois, pendant notre inspection de ces longues lignes, le capitaine A'Court nous devançait de quelques pas ou restait en arrière, pour examiner en détail un affût ou un nouvel appareil d'amorces fulminantes, et l'Empereur, très fier à juste titre de sa belle forteresse, me disait à voix basse : « Qu'en pense, croyez-vous, notre capitaine anglais? »

Hélas! les alliances politiques sont si mobiles de leur nature, les bonnes relations entre les peuples de la terre sont soumises à tant d'alternatives, que moins de trois mois après ces témoignages de sincère intimité entre la France et la Russie, l'empereur Nicolas échangeait avec un ambassadeur de Sa Majesté Britannique des promesses éventuelles de solidarité, renouvelées de 1815, et que, vingt-quatre ans plus tard, les canons russes tonnaient en Crimée dans des combats mémorables, en face des canons anglais et français réunis pour la même cause.

Cette guerre, dans laquelle on déploya, des deux parts, tant de noble courage, n'a heureusement laissé entre les pays aucun vestige d'animosité. Il est de nouveau permis à un cœur français de rappeler les souvenirs, d'exprimer les sentiments de reconnaissance et de respectueuse affection qu'une autre époque y avait à jamais déposés.

Rapports du baron de Bourgoing

sur

Le siège de Silistrie (1)

Au duc de Mortemart.

Au camp de Silistrie, le 10/22 juillet 1828.

Monsieur l'ambassadeur,

Votre Excellence apprendra, sans doute, avec satisfaction que la forteresse de Silistrie a été investie en un seul jour, et sans que le 6ᵉ corps de l'armée impériale russe ait éprouvé une perte proportionnée à cet important résultat. On le doit autant aux sages et vigoureuses dispositions prises par le général Roth, qu'à la valeur des troupes qu'il commande.

Le 9/21 juillet, avant le jour, son corps d'armée avait quitté la position qu'il occupait, depuis la veille, en arrière d'un pont de pierre

---

(1) Archives du ministère des Affaires étrangères, Russie, tome 176.

situé à environ sept lieues de la ville. Cette position ne lui avait pas été disputée par les Turcs. Ils n'avaient fait voir sur ce point qu'un détachement de cavalerie d'environ sept cents chevaux qui s'était retiré en bon ordre, mais en tiraillant faiblement avec nos avant-postes de cosaques. Cette cavalerie était d'une plus belle apparence qu'aucune de celles qui se soient montrées depuis l'ouverture de la campagne. La beauté des chevaux, l'éclat des armes et des costumes couverts d'or et d'argent nous fait penser que ce corps est l'élite de la garnison de Silistrie, à laquelle est venue se joindre celle de Braïloff.

Le corps de bataille du général Roth, parti de cette position le 9/21, à trois heures du matin, était précédé par une avant-garde commandée par le général Gabe, qui se composait de quatre bataillons d'infanterie, du régiment des lanciers de Saint-Pétersbourg, de six pièces de canon et des cosaques de Begidoff. Un détachement de ce régiment, placé sur une seule ligne, formait l'extrême avant-garde à laquelle se joignirent les officiers volontaires que l'Empereur a envoyés au 6ᵉ corps. J'y rencontrai

entre autres le jeune comte Georges Tolstoï,
aide de camp de Sa Majesté Impériale, arrivé la
veille en mission, du quartier général.

Les approches de Silistrie présentent un terrain coupé de ravins profonds et couverts de
broussailles dont les Turcs auraient pu profiter;
aussi, nous attendions-nous à chaque instant à
les voir déboucher. Cependant, ils ne parais-
saient nulle part. Cette ligne de cosaques, tous
la lance en arrêt, s'avançait en silence, précédée par quelques éclaireurs. A une lieue de
la ville, un coup de fusil se fit entendre et le
premier turban parut à travers les broussailles.
Il se passa encore environ un quart d'heure
avant que nous fussions complètement engagés;
encore ne vîmes-nous qu'un petit nombre de
cavaliers turcs tiraillant à une très grande distance et se retirant à notre approche. Nous
devions supposer cependant que quelque réserve nombreuse était à portée de les soutenir,
mais les lanciers de Saint-Pétersbourg nous
suivaient en bon ordre et prêts à nous porter
secours. Nous approchâmes ainsi de la forteresse jusqu'à une demi-lieue. Ce fut alors que
le comte Tolstoï, impatient de dissiper les tirail-

leurs qui ne nous présentaient qu'un si faible obstacle, ordonna la charge. Les cosaques de Begidoff répondirent avec acclamation à ce commandement; toute la ligne se mit au galop, et, tout à coup, sortant d'un petit bois qui couronne cette hauteur, nous nous trouvâmes sur la crête la plus avancée de la montagne. Toute la ville parut à nos yeux.

Silistrie est située dans un vaste bassin compris entre cinq hauteurs qui s'avancent vers un même centre et termine sur ce point la chaîne des montagnes de Bulgarie. Au delà du Danube s'étendent les vastes plaines de la Valachie. De la hauteur où nous étions arrivés, nous apercevions à nos pieds cette grande et belle ville dont les remparts étaient couverts de soldats et d'habitants. Mais ce que nous remarquâmes avant tout, c'est qu'aucun poste ennemi n'était établi sur les hauteurs. Point de batterie, aucune trace de fortification avancée; tout semblait désert autour de nous et l'on n'apercevait que quelques cavaliers regagnant en toute hâte les portes de la forteresse.

Le général en chef avait, avec raison, présumé que les Turcs construiraient quelques

ouvrages sur les montagnes qui dominent leur
ville ; nous nous hâtâmes de lui porter l'importante nouvelle qu'ils n'avaient pas songé à
ce moyen de défense. Le corps de bataille s'était
arrêté à environ une lieue ; le général Roth se
porta rapidement en avant et fut bientôt en
vue de la place. Les Turcs, qui avaient reçu si
faiblement notre première reconnaissance et
n'avaient pas même tiré un coup de canon sur
les premiers détachements de cavalerie légère
arrivés sur leurs hauteurs, montrèrent plus de
vigueur lorsque des forces plus imposantes se
déployèrent devant eux. De nombreuses colonnes d'infanterie et de cavalerie sortirent par
les différentes portes de la ville, sous la protection du gros calibre des remparts. La canonnade et une vive fusillade s'engagèrent sur
toute la ligne et surtout à notre aile droite.
Partout l'ensemble des mouvements ordonnés
et l'intrépidité des troupes russes triomphèrent
de tous les obstacles. Les positions attaquées à
dix heures étaient en notre pouvoir à quatre,
et, grâce à la manière dont les colonnes d'attaque avaient été dirigées, notre perte a été
moindre que celle des Turcs. Le résultat de

cette brillante journée fait beaucoup d'honneur au général Roth, car, d'après toutes les probabilités, cette indispensable occupation des hauteurs devait coûter beaucoup de monde.

Aujourd'hui, nous songeons à fortifier les lignes que nous occupons. Le général en chef a bien voulu me charger de la direction d'une partie de ces travaux.

Le colonel du génie Funke dirige les fortifications de la gauche; un ingénieur de l'armée polonaise, nommé Wilson, fortifie la droite jusqu'au Danube, et moi je suis chargé du centre de la position.

Je ne donne à Votre Excellence aucun détail sur nos travaux, la distance que doit parcourir cette lettre en pays ennemi, avant de lui parvenir au quartier général, me prescrivant cette réserve, bien que, jusqu'à ce jour, nos communications aient toujours été parfaitement sûres.

Je trouve toutes les ressources possibles pour exécuter le travail que j'ai entrepris; beaucoup de connaissances, d'intelligence et de zèle dans les officiers que je charge des détails; beaucoup de courage et de dévouement dans les travailleurs employés chaque nuit. Les feux de la place nous avaient d'abord inquiétés, mais, dès à présent, nos braves soldats du génie peuvent travailler à couvert.

Je ne puis vous exprimer, Monsieur l'ambassadeur, combien je m'estime heureux de la commission qui m'a été donnée. Ce travail m'intéresse par lui-même et par ses résultats, et je désire beaucoup ne rejoindre le quartier impérial que lorsque tous nos travaux seront achevés.

Le premier Secrétaire d'ambassade en Russie,

Paul DE BOURGOING.

P.-S. — Le 11/23 juillet.

Les Turcs ont fait une tentative pour attaquer nos positions, mais ils ont été repoussés sur tous les points.

Au comte de La Ferronnays.

Au camp de Silistrie, le 21 juillet/2 août 1828.

Monsieur le comte,

Le passage du comte de Crussol me permet de faire parvenir à Votre Excellence quelques détails sur la situation satisfaisante où se trouve le corps du général Roth, chargé d'investir Silistrie. Cette place et la garnison de vingt-trois mille hommes qui s'y trouve sont, en effet, d'une grande importance dans l'ensemble des opérations de la campagne. Je n'ai pas cru, toutefois, pouvoir adresser à Votre Excellence ces détails sans l'agrément du général en chef qui veut bien m'honorer de sa confiance, et je lui ai soumis mes relations avant de les expédier.

L'idée générale qui a présidé à toutes nos opérations était basée sur la nature même de la tâche qu'il avait à remplir ; un investissement aussi prompt que possible, un blocus aussi complet que pourrait le permettre la nature du terrain et les forces de son corps d'armée, tels devaient être le but de ses premiers actes et le seul résultat qu'on pût exiger de lui : si nous allons au delà, nous surpasserons ce qu'on attend de nous, et nous le devrons aux mesures alternatives de vigueur bien calculées et de sage retenue au moyen desquelles un bon général peut doubler ses forces.

Cette vigueur et cette prompte détermination,

le général en chef devait les déployer en abor-
dant cette ville, autant pour intimider l'ennemi
que pour s'emparer sans délai des hauteurs
dont les Turcs n'avaient point compris l'importance. Les brillantes journées du 9/21 et du
10/22 nous ont valu ce résultat. Dès le lendemain, le général avait pu étudier sa position et
concevoir le système qui se développe chaque
jour, système d'après lequel tous nos travaux
sont dirigés.

Avant de prendre l'offensive contre une garnison nombreuse, il était nécessaire de fortifier
la ligne à laquelle nous avions dû donner un
très grand développement. Il fallait tracer ces
lignes hors de la vue du canon de gros calibre;
nos batteries de campagne n'auraient pu, en effet,
lutter sans désavantage contre celles des remparts de la place; dans la position qu'occupent
aujourd'hui nos pièces, nous aurions, au contraire, le dessus dans tout combat d'artillerie
contre artillerie, celle dont les Turcs peuvent
appuyer leurs sorties étant, d'après les données
certaines que nous avons reçues, de beaucoup
inférieure à la nôtre. En conséquence, le général
a ordonné, et nous avons exécuté, un système

défensif, composé de batteries placées suivant le terrain, jointes par des lignes continues pour l'infanterie sur le penchant des montagnes et des abatis dans les vallées, laissant des passages aux sorties de notre cavalerie. Ces lignes, exécutées presque toutes à la fois, n'ont d'abord reçu que le profil le plus simple, mais ce profil est susceptible d'être rendu plus fort avec le temps. Elles présentent déjà, presque sur tous les points, des obstacles réels à l'ennemi et nous offrent dès à présent partout l'avantage de déterminer à chacun le lieu qu'il doit défendre et la position la plus favorable à occuper; d'ici à deux jours, un abri matériel et complet viendra se joindre, sur tout le développement de nos ouvrages, à cet avantage moral que présente un simple tracé.

Nos soldats sont déjà à l'abri jusqu'à la ceinture sur une ligne qui a cinq quarts de lieue d'étendue.

Ce n'est que lorsque l'attitude défensive, que nous avons conservée jusqu'ici, se trouvera complètement assurée que le général procédera à des actes offensifs; mais la nature des choses nous prescrit, dans ce cas, une marche toute particulière ; comme il ne s'agira pas d'assaut à donner, ni par conséquent de brèches à ouvrir, nous n'aurons aucun besoin de parvenir en vue de la place par des tranchées ou de toute autre manière. Autant les feux courbes que nous pouvons diriger sur une ville vaste et compacte ont l'avantage sur ceux que les Turcs peuvent employer contre une ligne peu profonde et aussi étendue, autant ils l'emporteraient sur nous si nous voulions les attaquer avec des feux directs, quelques précautions que nous puissions prendre. Nous ne pousserons donc pas nos pièces de 12 sur l'extrémité des montagnes d'où elles pourraient battre la ville, mais où elles essuieraient le feu des remparts. Nous nous bornerons à établir, dans un bas-fond, des batteries de mortiers, dont chaque bombe tombera dans la ville, sans que les artilleurs aient besoin de la voir et d'en être vus. L'ennemi ne pourra répondre à ces projectiles incendiaires que par le tir incertain de ses pièces, pointées sous un angle très élevé et tirant au hasard, à toute volée, sur des points qu'il n'aperçoit pas. Depuis dix jours qu'il en agit ainsi, nous savons par expérience que nous n'avons rien à craindre de feux pareils ; nous recevons environ soixante boulets, bombes ou obus par jour ; jusqu'à présent, un seul boulet a porté. Il est à prévoir que les Turcs, réduits au désespoir par le bombardement, qui du reste ne doit commencer qu'après une sommation formelle, entreprendront quelques fortes sorties, mais nous serons prêts à les recevoir ; les abatis de nos vallées et les feux croisés de nos batteries nous mettent à l'abri des efforts de la cavalerie et de l'infanterie de la place.

Tel est, Monsieur le comte, le système généralement adopté pour le corps qui bloque Silistrie. Votre Excellence jugera, sans doute, combien il est sagement conçu et quel résultat on peut en espérer. Je joins ici un plan de la position de Silistrie, ainsi qu'un plan détaillé d'Hirsova que j'ai eu occasion de lever à vue pendant mon court séjour dans cette forteresse.

J'ai l'honneur d'être, etc.

Paul DE BOURGOING.

Au comte de La Ferronnays.

Au camp devant Silistrie, le 23 juillet/4 août 1828.

Monsieur le comte,

M. le comte de Crussol doit passer le Danube, ce matin, à quelques verstes de notre camp; j'espère qu'il arrivera heureusement à Bucharest, mais comme notre flottille n'a pas encore paru, que rien ne protège le passage de cet officier et que nous voyons souvent des barques turques sur le fleuve, je lui recommande, s'il court le danger d'être pris, de jeter dans le Danube cette lettre par laquelle je désire donner à Votre Excellence quelques détails plus particuliers sur notre position.

Nous ne devons notre force sur ce point qu'à l'audace que nous avons déployée les deux premiers jours. Alors nous n'étions pas, comme aujourd'hui, couverts par une ligne de retranchements et cependant nous occupions exactement la même position. Bien qu'elle soit très étendue, nos moyens de concentration sont assez bien établis pour que les Turcs se trouvent fort mal d'une attaque contre nous; mais il n'en est pas moins vrai qu'arrivés avec un corps de dix mille combattants, nous avons investi et nous bloquons une place contenant une garnison de vingt-trois mille hommes, qui a communiqué d'abord librement avec celles de Turtukaï et de Rutschuk.

Nous attendons dans quelques jours, d'Hirsova, avec notre flottille, six mortiers et un nombre suffisant de bombes. Le plan du général Roth, de n'attaquer la place qu'avec des feux courbes qui lui donnent tout l'avantage et d'éviter un combat à feux directs où il aurait nécessairement le dessous, est le plan d'un homme habile. Un général ordinaire eût établi des batteries sur les hauteurs en vue de la place et eût engagé une lutte d'artillerie qui nous eût coûté beaucoup de monde, sans aucun avantage. Votre Excellence trouvera, dans la relation ci-jointe, le détail de ce plan si heureusement conçu ; je ne voudrais pas lui donner de fausses espérances, mais j'ai quelque lieu de croire qu'il nous vaudra bientôt la gloire d'entrer dans Silistrie avec des forces si inférieures.

Le général Roth avait, dit-on, jugé cet hiver l'ensemble de cette campagne projetée, avec la

même rectitude de jugement. Il n'a jamais va-
rié dans l'opinion, devenue aujourd'hui générale, qu'il était nécessaire, sous tous les rapports possibles, d'entreprendre cette guerre
avec des forces très considérables et de la mener avec une extrème célérité. Cette réserve
qu'on fait avancer dans ce moment, et cette
garde qu'on attend, il eût désiré les voir entrer
en ligne en même temps que les forces que
leur insuflisance réduit à une inaction si déplorable. Il avait proposé d'établir trois passages
au lieu d'un, et, comme un seul équipage de
pontons avait été envoyé à Satounowa, il avait
usé des ressources de la Valachie pour réunir
les matériaux nécessaires et effectuer un passage à Turtukaï. Tout était prêt pour cette entreprise, lorsqu'il reçut l'ordre de s'arrêter. Si le
passage projeté s'était effectué, Silistrie serait
probablement en notre pouvoir aujourd'hui, et
notre corps aurait pu se joindre à celui de l'Empereur. Le général Roth craint maintenant que
le temps d'arrêt auquel est contrainte l'armée
impériale ne rassure les Turcs et ne produise à
Constantinople un surcroît d'obstination, au
lieu de l'hésitation que dut y porter, il y a un

mois, la nouvelle de la rapide conquête des premières places du Danube.

Comme je lui rends chaque jour des services réels en fortifiant ses lignes, il me témoigne beaucoup d'amitié et me parle avec une entière confiance. Doué lui-même d'une grande énergie et d'une volonté inflexible, il regrette que l'unité de direction qui existe à un degré aussi éminent dans son corps d'armée ne préside pas également aux opérations du corps principal. Le maréchal Wittgenstein, le général Diebitsch et le général Kisseleff ne sont pas toujours d'accord, me dit-il, et le défaut d'ensemble s'est déjà fait sentir plus d'une fois. L'aide de camp de l'Empereur, arrivé hier, a donné au général Roth l'assurance que Sa Majesté n'avait été jusqu'à présent complètement satisfaite que de lui et du prince Mentschikoff, le vainqueur d'Anapa.

Le premier, qui connaît la pensée intime du quartier général, commence à craindre que la campagne ne puisse se terminer en une année. Le projet dont on lui a fait part consiste, aujourd'hui, à attendre les renforts avant de marcher en avant, à bloquer Chumla et à se porter sur Andrinople; mais ce projet n'est pas encore définitivement arrêté, et, si les forces nécessaires sont réunies à temps, on en usera peut-être pour attaquer directement les Turcs au lieu de s'engager plus avant, en laissant derrière soi une force aussi importante.

Le général en chef m'a donné, hier soir, la nouvelle de l'arrivée de la tête de colonne de la Garde à Satounowa. Le régiment de Paulowski, qui ouvre la marche, a passé le Danube le 18/30 juillet. Toute la Garde, forte d'environ vingt mille hommes, sera devant Chumla du 12 au 20 août. D'autres réserves s'avancent également vers le même point; tout peut donc encore se réparer et rien n'est perdu jusqu'à présent, si ce n'est un temps précieux, qui nous est exactement mesuré par les saisons. L'état sanitaire de l'armée est jusqu'à ce jour assez satisfaisant, et il reste, à la rigueur, assez de temps pour mener les choses à bien; mais tout aurait pu être terminé aujourd'hui si on avait fait marcher cent mille hommes de plus, et trois équipages de pontons au lieu d'un.

Malgré l'infériorité de ses forces, le général Roth vient d'envoyer un détachement considérable pour s'emparer de Turtukaï. Il agit, dans cette circonstance, d'après le principe qu'à la guerre une preuve d'audace intimide autant l'ennemi que le déploiement de forces effectives. Son détachement va, du reste, lier ses opérations avec celles du général Barasdin, qui se trouve sur la rive opposée et vis-à-vis de Turtukaï.

M. de Crussol a dû s'arrêter ici quarante-huit heures pour attendre les moyens de passage. Le général en chef a bien voulu exprimer le regret de ce qu'il ne restait pas avec nous. Il lui a montré ses positions et ses avant-postes où nous avons reçu quelques coups de fusil. Je n'ai pas besoin d'ajouter qu'on a remarqué la bonne contenance de notre jeune compatriote qui a déjà mérité, à l'affaire de Kosslondje, les éloges de ses chefs et une récompense de l'Empereur.

J'ai l'honneur d'être, etc., etc.

Paul DE BOURGOING.

Au comte de La Ferronnays.

Au camp devant Silistrie, le 25 août 1828.

Monsieur le comte,

Le général Roth, qui commande le 6e corps, avait envoyé, il y a quelques jours, au quartier général, un officier escorté par un escadron de lanciers. Ce détachement est de retour, il a apporté quelques nouvelles que je crois pouvoir transmettre à Votre Excellence, la voie directe de Bucharest pouvant faire gagner quelques jours sur les dépêches que l'ambassadeur du Roi expédie d'Odessa.

L'armée était toujours en observation devant Chumla; une ligne de redoutes avait été construite en regard des ouvrages des Turcs, et c'est dans cette position qu'on devait attendre les renforts annoncés. La Garde devait y arriver du 15/27 août au 20 août/1er septembre, et l'Empereur être de retour à l'armée le 2 septembre. Un corps occupait déjà la route de Constantinople, en laissant à droite la ville et le camp de Chumla, autour desquels le blocus était établi.

La place de Varna était assiégée par terre et par mer; le général prince Mentschikoff et l'amiral Grieg, qui se sont tous deux signalés en dernier lieu par la prise d'Anapa, dirigeaient ce siège avec beaucoup de vigueur. De puissants moyens d'attaque et tous ceux nécessaires à un siège régulier avaient été déployés contre cette forteresse si importante, et on en espérait les meilleurs résultats d'ici à peu de temps.

Le séjour de l'armée devant Chumla avait été marqué par plusieurs combats d'avant-garde qui, en général, avaient été à l'avantage des troupes russes. Le 19 juillet/1er août, le général Rudiger avait fait 150 prisonniers et enlevé un canon aux Turcs. Le général Malinowski avait obtenu, le 25, un succès contre un parti nombreux d'ennemis et lui avait pris un drapeau.

La situation du 6e corps devant Silistrie présente toujours l'aspect le plus satisfaisant. L'expédition que le général en chef a ordonnée sur Turtukaï a eu une très salutaire influence sur la position du corps chargé d'occuper la Valachie et d'observer les mouvements des Turcs sur la rive gauche du Danube. Ce corps,

commandé d'abord par le général Barasdin, et
qui vient de passer sous les ordres du comte de
Langeron, avait à craindre la réunion des garnisons de Rutschuk et de Giurgewo qui, jointes
aux forces dont les autres places du Danube
peuvent disposer, auraient pu méditer quelque
expédition dans le centre de la Valachie. L'occupation momentanée de Turtukaï par le détachement qu'y avait envoyé le général Roth
a empêché les Turcs de porter sur l'autre rive
des forces capables de s'avancer dans la principauté. Le général Geismar a, au contraire,
repoussé l'ennemi, qui avait essayé de passer
de Widdin en Petite-Valachie. Le général Langeron a écrit au chef du 6e corps pour le remercier de la puissante diversion qu'avait opérée
son expédition.

Turtukaï n'est point fortifié, et le général
ayant besoin de tous ses moyens devant Silistrie,
a dû rappeler son détachement, mais l'occupation définitive de cette ville n'est que différée;
l'époque de l'arrivée des renforts annoncés à
tous les corps d'armée approche, et, d'ici là,
ils peuvent se maintenir avec avantage sur tous
les points occupés. La nouvelle de l'arrivée

d'Omer-Vrione à la tête de 12,000 Albanais et d'autres troupes amenées des parties occidentales de l'Empire ottoman en Petite-Valachie ne se confirme pas; le général Langeron écrit que ce bruit n'a aucun fondement.

Le blocus de Silistrie se resserre de jour en jour; toutes les avenues de la ville, de ce côté du Danube, sont coupées par nos fortifications. Les Turcs consomment, en pure perte, une grande partie de leurs munitions, tandis que tous les boulets tirés par les batteries et la flottille russe tombent dans la ville. Jusqu'au 9/21 août, les assiégés s'étaient bornés à cette canonnade journalière, mais, ce jour-là, la construction de trois nouvelles redoutes les a déterminés à faire une sortie contre le flanc gauche. Ils ont été repoussés et ont essuyé une perte considérable.

Hier, 12/24 août, un fort détachement s'étant aventuré à quelque distance des remparts pour y conduire le bétail de la garnison, a été attaqué par un bataillon et un escadron de cavalerie envoyés à cet effet. L'infanterie turque commise à la garde du troupeau a perdu contenance, et a été chargée par les lanciers du régiment de

Smolensk. Elle s'est retirée avec une perte de
100 hommes qui, bien que dispersés dès le
commencement de l'affaire, ont opposé indivi-
duellement une résistance telle que six d'entre
eux seulement, la plupart grièvement blessés,
sont restés vivants entre les mains des vainqueurs. Tous les autres ont refusé de se rendre,
et, déjà entourés et saisis par les cavaliers, se
sont jetés à terre plutôt que de les suivre volon-
tairement. Ce combat a eu le caractère de tous
ceux qu'on livre aux Turcs : désordre et mauvaises dispositions dans les masses, à côté d'une
grande bravoure personnelle.

La perte des Russes a été peu considérable;
les 700 bœufs pris à la suite de cette affaire
portent à plus de 2,000 la totalité de ce qui a
été enlevé à la garnison de Silistrie. Le mauvais
succès de toutes les sorties qu'elle a tentées,
ses pertes journalières, le bombardement général qui doit avoir lieu d'ici à très peu de jours
et pour lequel tout se prépare dans les batteries
de terre, enfin les trente-deux canons de la flottille, nous donnent l'espoir de réduire cette
place. J'ai l'honneur, etc., etc.

Paul DE BOURGOING.

Au comte de La Ferronnays.

Bucharest, le 5 septembre 1828.

Monsieur le comte,

J'ai obtenu du général Roth de venir pour quatre jours dans cette ville, et j'en profiterai pour transmettre à Votre Excellence quelques détails certains sur la situation des choses dans cette principauté. Je puis, dès à présent, la rassurer contre l'exagération des nouvelles qui, si j'en juge d'après ce que j'entends, vont partir de cette ville si féconde en alarmes et en bruits alarmants. Il est certain que M. le comte de Langeron manœuvre avec des forces peu considérables dans la partie occidentale de la Valachie et que les Turcs ont fait voir des partis sur plusieurs points. Cette situation et cette guerre de manœuvres sont très propres à renouveler sans cesse la crainte d'une grande ville, ouverte et sans défense, mais qui bien réellement ne court aucun danger. Les forces russes, qui font face aux Turcs depuis trois mois, sont plus que suffisantes pour continuer à leur tenir tête jusqu'à l'arrivée des renforts, et la première division du corps du prince Tcherbatoff arrivera dans six jours à Bucharest. Les nouvelles de cette ville méritent donc, en ce moment, moins de crédit que jamais.

Votre Excellence trouvera ci-joint une relation de l'affaire qui vient d'avoir lieu devant Silistrie; j'y ai joint quelques détails supplémentaires. Cette affaire fait honneur aux armes russes, et ses résultats sont d'une grande importance, l'occupation des hauteurs rapprochées de la ville permettant de donner plus d'efficacité au bombardement, qui aura lieu dans cinq ou six jours.

J'ai l'honneur d'être, etc., etc.

Paul DE BOURGOING.

RAPPORT du général Roth, général en chef, commandant le 6ᵉ corps, à Son Excellence M. le feld-maréchal comte Wittgenstein.

Affaire du 16/28 août 1828.

Le départ de l'escadron pour le quartier général a été retardé de deux jours par une affaire très vive que nous avons eue avec les Turcs.

L'extrémité de la montagne qui se trouve au flanc gauche et le plateau du centre n'avaient pas encore été enlevés à l'ennemi pour ne pas exposer nos troupes au feu le plus rapproché de l'artillerie de la forteresse. Mais j'avais remarqué, depuis quelques jours, que les Turcs y avaient creusé des fossés pour leur infanterie et semblaient même annoncer l'intention de s'y fortifier de plus en plus, afin de prendre en flanc les principaux points de notre position et de nous accabler de leurs feux. Le premier plateau de gauche surtout, qui nous domine entièrement, leur en offrait tous les moyens.

Je dus en conséquence ordonner sans délai de s'emparer de ces points menaçants, et l'occupation du plateau du centre, en avant du retranchement masqué, fut fixé à la nuit du 15 au 16 ; l'attaque devait avoir lieu à minuit.

L'occupation de cette position devait, en outre, enlever à l'ennemi la possibilité de rassembler à l'entrée du vallon des forces suffisantes pour attaquer à l'improviste notre ligne qui, vu sa grande étendue, ne peut occuper plusieurs points que faiblement.

A l'heure indiquée, les postes turcs furent

attaqués subitement. Un bataillon du régiment d'Iakoutsk, un escadron des lanciers de Saint-Pétersbourg et 100 cosaques du régiment de Begidoff les assaillirent à la fois, conduits par le colonel Khomoutoff, du régiment de Saint-Pétersbourg. Un escadron des lanciers de Markoff était en réserve.

Cette attaque réussit complètement; les Turcs, surpris derrière leurs abatis et tournés par leurs deux flancs, furent tous passés au fil de l'épée, un seul d'entre eux fut fait prisonnier. La ligne des postes de nos tirailleurs s'avança alors de plus de 300 toises, et ce mouvement fut suivi par la chaîne du centre. Les réserves turques, postées au pied de la montagne, se retirèrent vers la forteresse après avoir échangé quelques coups de fusil; mais bientôt leurs renforts étant sortis de la ville, ils revinrent à la charge et commencèrent une fusillade qui fut soutenue par le feu très vif du canon des remparts. Nos travailleurs n'en continuèrent pas moins à creuser les abris pour la nouvelle chaîne de nos avant-postes. Mais bientôt les efforts redoublés de l'ennemi et l'étendue de notre ligne déterminèrent le général Joulima à renforcer les tirailleurs du régiment d'Iakoutsk de deux compagnies de celui de Selenginski. Au point du jour, nos batteries ayant pu commencer à jouer réduisirent l'ennemi à ne plus nous opposer qu'une forte ligne de tirailleurs qui, à plusieurs reprises, s'élança avec fureur contre les nôtres, mais qui, chaque fois, fut repoussée avec une perte considérable.

La flottille avait reçu l'ordre de commencer une forte canonnade au commencement de notre attaque, mais un vent contraire l'arrêta et ce ne fut qu'à deux heures qu'il lui fut possible de tirer contre la forteresse dont les batteries répondirent aussitôt. Au point du jour, nos canonnières se retirèrent après avoir fortement endommagé les remparts et les bâtiments de la ville.

Telle était notre position à huit heures du matin, quand, tout à coup, environ 2,000 hommes d'infanterie et de cavalerie sortirent de la ville et se jetèrent sur nos tirailleurs en poussant de grands cris. Ceux-ci cédèrent au nombre et l'ennemi occupa promptement une partie du penchant de la montagne. Deux escadrons des

régiments de Saint-Pétersbourg et de Markoff
les repoussèrent bientôt. Conduits par les colonels Khomoutoff et Anrep, ils s'élancèrent sur
l'ennemi avec un courage au-dessus de tout
éloge et lui firent essuyer une grande perte.
Mais, dans ce même moment, je vis déboucher
dans la plaine un secours considérable et cinq
pièces de campagne. Les forces de l'ennemi se
trouvant triplées, il s'avança avec impétuosité
et en poussant ses cris habituels. Le gros canon
du rempart et la mitraille des pièces de campagne secondèrent ce mouvement. Ils contrai-
gnirent le détachement qui défendait la montagne à se retirer jusqu'au pied de nos retranchements. Toute la masse ennemie, que j'éva-
lue à 5,000 hommes, prit position en face de
notre ligne et à une petite portée de mitraille.

J'eus, dans ce moment, lieu de penser que les
Turcs, encouragés par ce succès important,
pourraient tenter de pénétrer plus loin avec
des troupes fraîches qui se trouvaient à portée.
J'ordonnai en conséquence de faire sortir les
canons du retranchement du centre et de les
pointer sur les flancs de l'ennemi, tandis que
l'artillerie de la position attaquée tirait à mi-

traille sur son front. Les Turcs cependant soutinrent avec une grande fermeté l'effet terrible
de ce feu croisé et conservèrent leur position.

Ce fut alors que deux compagnies des régiments de Selenginski et deux du 31ᵉ de chasseurs entrèrent en ligne et se réunirent au
détachement attaqué. Ayant ajouté sur leur
flanc droit deux nouveaux escadrons des régiments de Saint-Pétersbourg et de Courlande,
j'ordonnai au colonel Khomoutoff de faire marcher l'infanterie sur le centre de l'ennemi, tandis que la cavalerie attaquerait sur les ailes. Ces
troupes se portèrent vivement en avant, l'infanterie fondit sur l'ennemi au pas de course, mais
celui-ci continuait à se défendre avec un courage opiniâtre. Cependant l'attaque de la cavalerie sur ses flancs et les efforts réitérés de cette
infanterie qui abordait son centre à la baïonnette ayant été soutenus par deux compagnies
de chasseurs sous les ordres du major Dronga-
noff, qui prirent l'ennemi à dos, sa fermeté
l'abandonna enfin et il fut mis dans une déroute
complète. Alors, l'élan de nos soldats, irrités
par la perte de leurs compagnons, n'eut plus de
bornes; ils poursuivirent les fuyards avec tant

16

d'acharnement qu'ils parvinrent jusqu'au glacis de la place, ne faisant aucun quartier aux Turcs. Les canons qui avaient appuyé la sortie s'étaient retirés précipitamment dans la forteresse, dont les portes s'étaient fermées à nos yeux, sans laisser le temps à la masse des fuyards d'y trouver un refuge. Cette foule resta ainsi entassée devant les retranchements extérieurs jusqu'au moment où le retour de nos troupes sur les hauteurs qu'elles venaient de conquérir permit aux Turcs, un peu remis de leur terreur, d'ouvrir les portes et de recueillir ceux qui, jusque-là, étaient restés en dehors.

Ainsi finit ce combat sanglant; toutefois, les bastions de la forteresse continuèrent à tirer, et la canonnade se prolongea toute la nuit.

Le commandement des troupes qui occupaient les nouvelles positions fut alors conféré au général Bistrow.

Pendant que ce combat du centre avait lieu, deux compagnies du régiment d'Obotsk, deux escadrons des lanciers de Smolensk et deux pièces d'artillerie légère de la 28e compagnie, sous les ordres du général Habbé, avaient repoussé les attaques réitérées de l'ennemi sur

un autre point, à la gauche du colonel Khomoutoff.

J'ordonnai au général Habbé de s'avancer
jusqu'à l'extrémité du plateau de gauche et
d'occuper définitivement cette position. Son
attaque réussit complètement. Les tirailleurs
du régiment d'Obotsk et ceux du bataillon de
réserve chassèrent l'ennemi de cette montagne
ainsi que de la vallée profonde qui est située à
sa gauche. Les Turcs qui s'y trouvaient furent
contraints de se retirer dans la forteresse par la
porte de Turtukaï. Pendant la nuit, on cons-
truisit une forte redoute sur le plateau enlevé
à l'ennemi et un second ouvrage fermé sera
établi sur la montagne de gauche, qui domine
toutes les positions; les feux des batteries établies sur ces deux points produiront un grand
effort contre la forteresse.

Notre perte en hommes, bien que considérable, n'est pas à comparer à celle de l'ennemi,
car, outre les blessés, il a laissé sur le champ
de bataille plus de 600 morts; j'en ai compté
moi-même au delà de 200. Nous avons eu
21 officiers et 69 soldats de tués.

. . . .

Au comte de La Ferronnays.

Bucharest, le 27 août/9 septembre 1828.

Monsieur le comte,

Les nouvelles positives reçues dans cette ville nous annoncent l'arrivée du corps commandé par le prince Tcherbatoff. Ce corps d'armée, qui se compose de trois divisions d'infanterie et d'une division de cavalerie, est destiné à porter des renforts sur plusieurs des points où le besoin s'en fait sentir. Voici, d'après des renseignements dignes de foi, quelle doit être leur répartition.

La 5e division d'infanterie doit arriver les 24, 27 et 29 septembre (9, 10 et 11 octobre) devant Giurgewo et se joindre au corps commandé par le comte de Langeron dans la partie occidentale de la Valachie.

La 6e division arrivera les 12/24, 14/26 et 18/28 septembre à Hirsova ; le prince Tcherbatoff y sera de sa personne le 15/27, et cette division, ainsi que la 2e de hussards, qui doit arriver les 9/21 et 10/22 septembre à Hirsova, sont destinées pour Silistrie, où elles arriveront le 5 octobre.

La 4ᵉ division d'infanterie, qui passe le Danube à Satounowa, sera devant Silistrie le 8/20 de ce mois, c'est-à-dire dans onze jours d'ici, et se joindra au 6ᵉ corps.

Ce corps d'armée, ainsi que toutes les autres parties de l'armée russe, attendent et désirent des renforts; cependant, d'après les dispositions prises par le général Roth et l'emploi qu'il a fait jusqu'ici des forces mises à sa disposition, il aurait pu, plus qu'aucune autre partie de l'armée, se suffire à lui-même et continuer à tenir en échec la nombreuse garnison qu'il est chargé d'observer; mais des renseignements et des indices certains annoncent que le visir, qui s'intéresse personnellement à la forteresse de Silistrie, où il a longtemps résidé, et au commandant Hadgi-Achmet-Pacha, qui est une de ses créatures, est dans l'intention de lui envoyer sous peu un secours de Choumla. Le 6ᵉ corps, déjà affaibli même par ses succès, et réduit à environ 9,000 hommes, se trouverait dans ce cas dans une position très périlleuse, et cette considération a déterminé à en-

voyer sur ce point les premiers renforts disponibles. Quant à la prise de Silistrie avant
l'arrivée du secours de Choumla, comme cet
événement irait au delà de la mission qu'a
reçue le 6ᵉ corps et des espérances qu'on avait
été en droit de fonder sur l'exiguïté de ses
moyens, je n'oserais encore en annoncer la pro-
babilité. Il est possible que l'effet moral qu'ont
dû produire sur la garnison les sanglantes
défaites qu'elle a successivement essuyées lorsqu'elle est sortie de ses murs, et le bombardement qui se pousse avec activité, réduisent le
commandant à entrer en arrangement; cependant, nous n'avons à cet égard que des données
très vagues.

On se plaint ici, outre mesure, que les premiers renforts aient été d'abord portés au delà
du Danube, au lieu de marcher en Petite-Valachie. Les Turcs, sur ce point comme sur tous
les autres, ne se sont aperçus que fort tard de
l'insuffisance des forces qui leur étaient oppo-
sées. Ce n'est guère qu'aujourd'hui qu'ils ont
été enhardis par la connaissance qu'ils en ont
acquise, et ils en ont, en définitive, peu profité.
Il n'est guère à prévoir qu'ils donnent à leurs

mouvements offensifs une activité qui n'est point dans leurs habitudes. Il est en outre certain que le général Roth emploiera ses nouvelles troupes de manière à inquiéter les Turcs sur la rive droite du Danube et à opérer une diversion en faveur du corps de Langeron. Celui-ci devra donc continuer à manœuvrer en Petite-Valachie jusqu'à l'arrivée de ses renforts.

D'ici à leur complète réunion, la ville de Bucharest va continuer à se livrer à des terreurs imaginaires et à répandre en Europe les faux bruits qu'elles enfantent.

Voici, Monsieur le comte, le véritable état des choses, tel que je puis en juger, en me défendant également de l'impression que doit produire sur moi tout ce que j'entends répéter ici et des préventions que pourrait m'inspirer personnellement, en faveur de l'armée russe, une fraternité d'armes dont je dois me trouver honoré.

Le général de Langeron est dans ce moment à Slatina ; le général Geismar, qui commande sous lui, se porte avec des colonnes mobiles partout où sa présence est nécessaire. Ce général est regardé comme l'un des plus habiles officiers de l'armée. Des partis turcs ont paru à plusieurs reprises en Petite-Valachie et se sont avancés jusque près de Rimnick. Ce mouvement de quelques cavaliers a produit une grande sensation à Bucharest. On y a répété que les Russes étaient *coupés* ou *tournés*, et ces deux mots, dont la crainte et l'ignorance font toujours un étrange abus en temps de guerre, doivent depuis longtemps figurer dans les gazettes qui ont des correspondants en Valachie. Il est vrai que les Turcs ont, dans leur incursion, incendié le bourg de Tchernetz, mais on s'accorde à dire que cet acte était le fruit d'une vengeance particulière, et c'est faussement qu'on a ajouté qu'ils avaient entièrement brûlé et dévasté toute la province. Des nouvelles plus récentes, plus certaines, annoncent qu'ils ont fait peu de dégâts, que les ressources de cette riche contrée subsistent encore jusqu'à présent.

Votre Excellence aura sans doute appris un fait qui mérite d'être signalé à son attention. Le comte Pahlen a reçu l'ordre de mettre en réquisition 3,000 paysans valaques pour raser les fortifications de Braïloff, et ce travail doit déjà être commencé. Ce fait suffirait pour prouver que la Russie persévère dans le système de désintéressement si hautement annoncé et n'a aucune des arrière-pensées qu'on lui suppose à l'égard des provinces qu'elle occupe en ce moment et qui ne le sont et ne doivent l'être que militairement. L'artillerie des remparts de Braïloff sera transportée en Russie à la réserve de celle dont l'armée active peut avoir besoin; dans ce nombre sont comprises les pièces accordées au 6ᵉ corps pour donner plus d'efficacité encore au bombardement de Silistrie.

L'ensemble des dispositions arrêtées, et principalement cette répartition sur l'une et l'autre rive du Danube des quatre divisions du prince Tcherbatoff, indiquent clairement l'intention de donner cette base aux quartiers d'hiver. Ces 30,000 hommes dont on dispose sur une ligne latérale sont une preuve que, pour cette année, la grande armée ne se portera pas plus en avant et qu'on est dans l'intention de terminer la campagne par le siège de Varna et des places du Danube.

Paul DE BOURGOING.

Au comte de La Ferronnays.

Au camp devant Silistrie, le 6/18 septembre 1828.

Monsieur le comte,

Nous avons reçu la nouvelle que le corps du général Roth allait être remplacé devant Silistrie par celui du prince Tcherbatoff. Nous ne savons pas encore quelle sera la destination du 6ᵉ corps; mais, d'après toutes les probabilités, il paraît qu'il doit être chargé du blocus de quelqu'autre place du Danube.

Ce mouvement devant m'éloigner encore de l'ambassadeur du Roi, avec lequel mes communications ont été très difficiles depuis que je suis attaché à ce corps isolé, je me détermine à le quitter pour rejoindre l'ambassade. Je partirai dans quelques jours et j'ai déjà annoncé mon départ au général en chef, que j'ai remercié de toutes les marques de confiance et d'amitié qu'il m'a données.

Je laisse aujourd'hui le 6ᵉ corps dans une bonne position devant cette forteresse, mais la semaine qui vient de s'écouler a été pour lui une époque de crise dont l'arrivée des premiers renforts vient de le faire sortir. Ce corps, déjà faible en arrivant, s'était encore graduellement affaibli par le feu de l'ennemi, la perte journalière d'hommes isolés, surpris et décapités dans les bois qui nous entourent, et par les maladies qui, heureusement, commencent à diminuer.

Les communications directes avec le quartier général étaient interrompues momentanément et n'avaient plus lieu que par Hirsova. Un escadron du régiment des lanciers de Saint-Pétersbourg chargé, comme de coutume, de porter des dépêches à Choumla, avait été détruit en entier, malgré une défense héroïque, au sortir de la grande forêt (Delhi-Orman). Des 120 hommes qui le composaient, il n'en était revenu à notre camp que 15; une trentaine de lanciers et un officier s'étaient fait jour jusqu'à Choumla, à travers la masse de cavalerie qui avait attaqué l'escadron. Toutes ces pertes étaient sensibles pour un corps déjà inférieur en nombre à la garnison qu'il observait. Celle-ci venait, au contraire, de recevoir un puissant renfort : environ 1,500 hommes de la plus belle

cavalerie et autant d'infanterie régulière étaient
entrés dans la ville. Le courage des assiégés
avait été ranimé par ce secours et s'était mani-
festé par deux sorties vigoureuses contre notre
flanc gauche; ces deux combats, le premier
surtout (30 août), ont été sanglants et opiniâtres.
La cavalerie turque avait d'abord pénétré jusqu'à l'extrémité de notre camp et avait même
mis le feu à deux baraques de soldats; mais ce
commencement de succès a été de peu de durée.
Les Turcs ont bientôt été repoussés et se sont
retirés avec une perte considérable. La même
cavalerie, soutenue par de fortes colonnes d'infanterie, nous a de nouveau attaqués le 3/15 de
ce mois, mais avec encore moins de succès. La
supériorité de notre artillerie se fit sentir; repoussés des hauteurs et foudroyés dans les vallées, les Turcs ont regagné en désordre les
portes de la ville, après avoir laissé beaucoup
de morts sur le champ de bataille. Le chef de
cette troupe brillante et intrépide, composée en
partie d'Asiatiques et de nègres éthiopiens, a
été tué; nous apprenons, par les prisonniers,
qu'il se nomme Seïd-Mahmoud-Pacha.

Ces deux affaires glorieuses pour les armes

russes nous ont coûté environ (1) hommes,
mais elles inspirèrent à la garnison de Silistrie
une terreur salutaire qui donnera au 6ᵉ corps
le temps d'attendre la totalité de ses renforts.
Les rapports des espions annoncent que cette
cavalerie, venue en partie de Choumla et en
partie de Rutschuk, ne tardera pas à quitter de
nouveau Silistrie. Le manque de fourrages, le
découragement qu'ont produit l'issue des deux
derniers combats et la mort de son chef l'y dé-
terminent.

J'ai l'honneur d'être, etc., etc.

Paul DE BOURGOING.

Au comte de La Ferronnays.

Bucharest, le 13/25 septembre 1828.

Monsieur le comte,

Ainsi que j'ai eu l'honneur de mander à
Votre Excellence par ma dépêche du 6 septembre, j'ai cru devoir quitter le 6ᵉ corps pour
rejoindre l'ambassadeur du Roi, qui m'avait
laissé la latitude de juger moi-même quand

---

(1) En blanc dans le rapport.

ma mission auprès de ce corps détaché serait terminée. Les ouvrages de fortification que j'ai entrepris étant achevés, et le général Roth étant sur le point de céder son commandement devant Silistrie à un autre général pour se porter sur un point qui ne lui a pas encore été désigné, j'ai cru pouvoir lui faire mes adieux et le remercier de la confiance qu'il a bien voulu me témoigner pendant les trois mois que j'ai passés auprès de lui. J'ai quitté le camp de Silistrie le 20 septembre, laissant le 6e corps dans une situation déjà supportable par l'arrivée d'un renfort de 2,000 cosaques et de 1,000 hommes d'infanterie, qui seront suivis, d'ici à deux jours, par quatre régiments de hussards et une division d'infanterie commandée par le prince Tcherbatoff.

Le voyage du corps diplomatique à Odessa et la difficulté des communications avec le corps isolé où je me trouvais m'avaient privé pendant un mois entier de toute nouvelle de M. le duc de Mortemart.

Ayant cependant le désir de connaître avec quelque certitude le lieu du séjour de l'Empereur et l'époque présumée de son retour, je me suis d'abord dirigé sur Bucharest, où je pouvais espérer obtenir du comte Pahlen et du comte de Langeron les directions convenables pour me rendre, aussitôt que possible, au quartier général ou auprès de l'ambassadeur du Roi. J'ai pensé d'ailleurs, Monsieur le comte, que de cette capitale de la Valachie je serai à même de transmettre à Votre Excellence quelques informations sur une partie importante du théâtre de la guerre. En arrivant chez le comte de Langeron, que je connais depuis longtemps et que j'avais revu au quartier général et devant Silistrie, je l'ai trouvé sur le point de faire une excursion en Valachie pour aller visiter plusieurs de ses détachements, entre autres celui qui, sous les ordres du général Potemkine, observe les Turcs devant Giurgewo. J'ai demandé à l'accompagner et j'ai fait avec lui cette course rapide et intéressante.

Le général, me considérant avec raison comme franchement intéressé au succès et à la gloire des armes russes, a bien voulu me parler avec confiance sur la situation de ses affaires en Valachie. Cette situation est précaire et assez difficile. Le comte de Langeron n'a d'espoir que dans la complète ignorance des Turcs sur ce qui se passe à quelques lieues d'eux. Les renforts, du reste, arrivent de toutes parts, et nous avons rencontré sur la route plusieurs détachements. Si les Turcs ne profitent pas de leur grande supériorité numérique pendant le peu de jours qui leur restent, ce corps, qui s'était jusqu'ici péniblement soutenu, pourra reprendre l'offensive sur tous les points.

Depuis l'ouverture de la campagne, le comte de Langeron a dû garder toute la Valachie avec moins de 13,000 hommes. Ce n'est qu'à force d'habileté et de mouvements de troupes qu'il est parvenu à tromper l'ennemi sur sa force effective. On ne peut assez s'étonner de la complète inaction dans laquelle sont restées les garnisons de toutes les places du Danube, qui auraient pu faire de fréquentes invasions en Valachie et même facilement pénétrer jusqu'à Bucharest.

Le comte de Langeron se loue beaucoup de l'activité des généraux commandant sous lui et particulièrement du général de Geismar, qui se trouve toujours en avant de Crajowa avec environ 4,000 hommes.

Le détachement commandé par le général Potemkine est de 6,500 hommes. La garnison de Giurgewo n'est pas aussi entreprenante qu'on aurait pu le croire, d'après la connaissance que l'on a à Bucharest du caractère de Kutchuk-Ahmed, chef hardi et expérimenté, et qui commande la place en ce moment. Les Turcs se sont bornés, jusqu'ici, à quelques sorties dans lesquelles le général Potemkine a constamment obtenu des avantages.

On savait que la place de Giurgewo, celle de Rutschuk et toutes les forteresses du Danube avaient été fortifiées, dans les derniers temps, par des ingénieurs européens, et le comte de Langeron m'a permis d'aller reconnaître ces nouveaux ouvrages. Les avant-postes turcs étant placés à une très grande distance du corps de la place, il ne m'a pas été possible de m'approcher assez pour rapporter des données très détaillées; j'ai pu cependant, du point où je me suis placé, acquérir une connaissance exacte de l'ensemble de cette nouvelle enceinte, qui n'avait pas jusqu'ici été reconnue. En comparant le plan des anciennes fortifications avec l'aspect que m'offraient en élévation les nouveaux rem-

parts de la ville, j'ai pu établir et présenter au
comte de Langeron un plan approximatif de la
nouvelle forteresse. Les ouvrages ont quelque analogie avec ceux de Silistrie. Les Turcs
n'ont fait encore qu'un pas dans l'amélioration
de leur système de défense des places. Ils ont,
depuis la dernière guerre, remplacé partout,
dans leurs forteresses d'Europe, les murailles
flanquées de tours par des remparts en terre à
bastions bien proportionnés, mais ils ne font
encore que peu d'emploi des ouvrages extérieurs, et presque toutes les courtines de leurs
fronts sont à découvert.

J'ai appris du général Potemkine qu'une partie de la cavalerie qui a figuré dans les deux
derniers combats livrés au 6e corps par la garnison de Silistrie, aidée d'un renfort venu de
l'extérieur, était sortie de Rutschuk. Elle y est
rentrée huit jours après et a été aperçue sur
l'autre rive du Danube par le corps qui observe
Giurgewo. Ce renseignement coïncide avec
ceux recueillis par le général Roth. Il a su que
les renforts reçus à cette époque par le pacha
de Silistrie avaient dû quitter promptement
cette ville par manque de fourrage. Silistrie se

trouve donc de nouveau abandonnée à ses propres forces, mais hors d'état, aujourd'hui, de faire quelque sortie avec avantage. Cette ville conserve encore assez de moyens pour défendre ses remparts, et l'on sait que ses approvisionnements suffiront longtemps encore pour nourrir l'infanterie dont elle a besoin.

Des nouvelles positives annoncent que les Turcs ont fortifié Kalafat, qui se trouve vis-à-vis de Widdin. Ce point, toujours menaçant pour la Petite-Valachie, est un de ceux que le général Langeron se propose d'enlever à l'ennemi, dès que l'arrivée des forces nouvelles le lui permettra. C'est le 18/30 que la 1re brigade de la 5e division d'infanterie est attendue à Bucharest.

En résumé, d'après les informations contenues dans la présente dépêche, exclusivement relative à l'état de la Valachie, on voit que, depuis un mois surtout, cette province a couru de grands dangers, qu'elle n'en est point encore entièrement délivrée, qu'une partie de la Petite-Valachie est surtout très compromise en ce moment, mais que l'arrivée des renforts pourra mettre fin à une situation dont les Turcs n'ont pas su profiter.

J'ai l'honneur d'être, etc., etc.

Paul DE BOURGOING.

Au comte de La Ferronnays.

Bucharest, le 15/27 septembre 1828.

Monsieur le comte,

Mon séjour dans cette ville, et d'anciennes relations avec les personnes les plus à portée d'y recevoir des informations fréquentes et officielles, me permettent de garantir l'exactitude de celles que je puis avoir l'honneur de transmettre à Votre Excellence, d'une part, sur l'état actuel des choses sous le rapport militaire, sur les projets arrêtés à l'égard de ce qu'il reste à faire cette année; de l'autre, sur ce qui concerne les principautés du Danube, considérées simplement comme sources d'approvisionnements. Les personnes à la confiance desquelles je dois ces renseignements n'usent à mon égard d'aucune réticence, persuadées qu'il est préférable de laisser parvenir à Paris ces nouvelles par mon intermédiaire, que de les abandonner au hasard des correspondances privées qui, lorsqu'elles ne sont pas complètement et sciemment mensongères, sont pour le moins inexactes, exagérées et souvent jugées et commentées d'après un système permanent de critique et de malveillance.

J'avais, dans ma dépêche n° 5, énoncé l'opinion que la répartition sur le Danube du corps de Tcherbatoff, d'abord destiné à marcher sur Choumla, était un symptôme certain de l'intention de terminer les opérations de cette année par la prise de Varna et de remettre à la campagne prochaine le passage du Balkan. Tel est effectivement, d'après les informations les plus récentes et les plus authentiques qui m'ont été communiquées, le plan adopté au quartier général. Il est aujourd'hui démontré que la saison est trop avancée pour agir contre Choumla et pour laisser plus longtemps les troupes dans cette partie de la Bulgarie, où le manque de fourrages va se faire sentir de plus en plus. On se détermine, en conséquence, à établir les quartiers d'hiver sur une ligne qui, partant de Varna, passera par Silistrie, et suivra, sur la rive gauche du Danube jusqu'à Widdin, toute

la frontière de la Valachie. L'adoption de cette
ligne rend nécessaire la prise des forteresses de
Varna et de Silistrie, et, en restreignant à cette
destination l'emploi des forces disponibles, on
peut être certain de voir tomber l'une et l'autre
de ces deux places, la première avant très peu
de temps. Il existe, en effet, devant Varna, en
troupes et en matériel d'artillerie, tout ce qui
est nécessaire pour mener promptement le
siège à sa fin. Quant à celui de Silistrie, il
pourra commencer d'ici à dix jours; à cette
époque, les forces nécessaires pourront être
rassemblées sous ses murs, et les deux compagnies d'artillerie de siège, parties de Kieff et
déjà arrivées devant la place, pourront se
joindre au canon de gros calibre qui a été conduit de Braïloff et d'Hirsova pour armer les
batteries établies par le corps chargé jusqu'ici
d'un simple blocus.

Varna et Silistrie seront donc entre les mains
des Russes avant la fin de la campagne. On peut
compter avec certitude sur ce double succès,
celui d'un siège conduit d'après tous les principes de l'art étant infaillible, quand les moyens
sont suffisants, et que la place ne présente au-

cune difficulté extraordinaire. Il ne faut pas
oublier, toutefois, que de quelque précaution
que l'on s'entoure, de quelque habileté qu'on
use, la science de l'ingénieur ne sert qu'à faciliter les approches et à ouvrir une brèche, mais
qu'en définitive un assaut est presque toujours,
surtout avec les Turcs, le dénouement obligé
d'un siège même régulier. Il n'est pas à prévoir
que le pacha de Silistrie, qui a constamment
bravé le corps qui l'entourait et lui a livré de
si fréquents et de si sanglants combats, se laisse
intimider par un bombardement plus actif; les
personnes qui l'ont connu à Bucharest, pendant
la dernière révolution, assurent que Hadgi-
Achmet est de caractère à pousser sa résistance
jusqu'à l'extrême. Les Russes auront donc
encore probablement deux assauts à livrer,
mais ces deux faits d'armes seront les derniers
de la campagne.

En remontant le Danube, les places que l'on
rencontre d'abord sont celles de Rutschuk et
de Giurgewo, qui sont situées en regard l'une
de l'autre. D'après la reconnaissance que le
comte de Langeron m'a permis de faire avec
lui, ce général a décidé que la forteresse de

Giurgewo, entièrement différente de ce qu'elle était dans les guerres précédentes, munie aujourd'hui d'une enceinte bastionnée, à fossés revêtus de maçonnerie, précédée de quelques ouvrages extérieurs, ne pourrait être attaquée que par l'emploi de tous les moyens et avec tout l'appareil d'un siège en règle. Il croit, en conséquence, qu'il faudra probablement, cette année, se borner à observer cette place, qui peut servir de point de ralliement aux Turcs pour entrer en Valachie.

Le comte de Langeron a, de plus, décidé que la place de Rutschuk qui, comme celle de Giurgewo, a vu transformer son ancienne enceinte de murailles flanquées de tours par un rempart à bastions d'après les systèmes européens, nécessiterait une attaque soumise aux mêmes principes, et qu'il ne sera guère possible de l'entreprendre avant l'année prochaine. Il faut ajouter que Rutschuk ne pourra même être bloquée cet hiver, comme Silistrie l'a été depuis deux mois; que, dans le cas où la prise de cette forteresse, très bien armée du côté du Danube, permettrait à la flottille russe de passer outre et de protéger les communications du corps de blocus avec la rive gauche, ces communications sont entièrement coupées aujourd'hui par les flottilles turques qui descendent jusqu'à Silistrie. Du point où j'ai reconnu hier les nouvelles fortifications de Giurgewo, j'ai pu compter sur le Danube trente-deux chaloupes-canonnières; les Turcs en ont encore douze sous la protection de Silistrie.

Voici donc quelle sera la ligne occupée par les Russes pendant cet hiver :

Varna, avec une forte garnison, servant lui-même d'entrepôt, protégeant toute la ligne d'approvisionnement par le littoral et pouvant, pendant une partie de l'hiver, recevoir des transports de la mer Noire, si les glaces ne ferment point cette année les arrivages de la côte septentrionale.

Quelques points intermédiaires que l'on fortifiera entre Varna et Silistrie, afin de protéger la partie de la Bulgarie aujourd'hui occupée. Peut-être l'un de ces points sera-t-il Bazardjik, si la position de cette ville, entièrement dominée, permet, en se servant des hauteurs mêmes qui la dominent, d'y établir des ouvrages susceptibles d'une bonne défense.

Silistrie, dont l'occupation est indispensable pour compléter cette ligne défensive et qui servira de tête de pont, d'entrepôt et de point de départ pour l'année prochaine.

Finalement, la ligne du Danube, dont toutes les forteresses occupées par les Turcs seront observées par des forces suffisantes tirées soit de l'intérieur, soit des corps que la retraite prochaine de l'armée qui s'est avancée en Bulgarie va rendre disponibles. Disséminées en Valachie, ces troupes y trouveront leur subsistance, et en chasseront définitivement l'ennemi, qui inquiète encore la partie occidentale de cette province.

Le comte Pahlen s'était d'abord plaint d'être chargé d'une tâche très ardue, celle de pourvoir à des besoins immenses et de satisfaire à des instances chaque jour plus pressantes, sans détruire dans leur germe des moyens dont il faut calculer l'emploi pour plus d'une année. Il se montre aujourd'hui plus content des résultats qu'il obtient. De vastes réserves s'organisent sous son administration, indépendamment des transports qu'il expédie journellement aux corps qui sont le plus à sa portée. On a cédé à ses représentations, et les provinces méridionales de la Russie vont contribuer, dans une proportion plus forte, à des fournitures que, dans l'intérêt de l'avenir, il n'eût pas été sage de faire porter uniquement sur les principautés.

Il avait représenté que, pour tirer de ce pays le parti le plus convenable, il fallait non seulement ne pas pousser trop loin les exigences, mais encore payer une partie de ce qu'on y prendrait. Il avait invoqué ce principe de toute bonne administration militaire, consistant à féconder toujours le terrain d'une pareille exploitation par le versement d'un fonds primitif, qui crée une sorte de confiance et sert du moins à empêcher l'entier découragement du cultivateur. On s'est rendu à ses instances et on lui a annoncé que 1,200,000 roubles seraient mis à sa disposition. Le comte Pahlen s'est de plus adressé, il y a peu de jours, au divan de Valachie pour faire sentir aux boyards la nécessité d'envoyer des délégués dans toutes les parties du pays afin d'engager les fermiers et les paysans à ensemencer leurs terres comme de coutume. On avait eu lieu de craindre, en effet, que les champs ne restassent en friche dans plusieurs districts, en raison de l'absence d'un

grand nombre de paysans employés aux char-
rois de vivres, peut-être aussi sur quelques
points par suite d'une résolution concertée. Le
comte Pahlen espère que cette démarche et les
fonds dont il va pouvoir disposer changeront
des dispositions qui seraient aussi désastreuses
pour le pays que pour les troupes qu'il doit
nourrir.

L'état des principautés sera, il faut le prévoir, l'un des thèmes favoris des détracteurs
des opérations de la Russie; pourtant, en le
jugeant sans prévention aucune, on reconnaît
que ces contrées auront sans doute souffert de
cet envahissement, mais qu'il est faux de pré-
tendre que cette première campagne les a réduites à un épuisement total et prématuré.

Pour me renfermer dans l'exposé de résultats
effectifs, voici, Monsieur le comte, les ressources
qui ont, jusqu'à présent, été rassemblées par le
comte Pahlen :

Il existe, dans ce moment, un magasin
de pain et de farines pour la subsistance de
100,000 hommes pendant trois mois; chaque
jour voit augmenter cette réserve. Cependant
la Valachie ne suffira pas pour compléter cette

branche d'approvisionnement, et le comte Pahlen a fait connaître qu'il faudrait recourir, dès cette année, aux grains du midi de la Russie, ainsi qu'à l'emploi d'une partie des fonds qui lui ont été accordés.

Ces fonds devront également servir à payer une partie des bestiaux que l'on trouvera, du reste, en quantité suffisante dans les principautés.

Quant au foin, ces contrées en fournissent en abondance et les besoins de l'armée seront facilement satisfaits sous ce rapport ; d'immenses magasins sont établis dans toutes les directions et contiennent déjà 30 millions de rations.

L'eau-de-vie et l'orge, qui dans ce pays remplace l'avoine, rentrent dans la classe des objets qui ne pourront en être tirés en entier et qui devront en partie venir de Russie.

En général, Monsieur le comte, il paraît que le comte Pahlen réunit les qualités nécessaires à la place qu'il occupe ; c'est un homme intègre, d'un caractère doux et conciliant, et qui a basé son administration sur une idée juste, celle de ménager les ressources, assez pour ne point leur enlever toute faculté reproductive.

Les forteresses, les points plus ou moins fortifiés que les Turcs occupent encore sur l'une et l'autre rive du fleuve qui baigne cette province si importante, sont au nombre de seize. Tous ceux de la rive gauche seront bloqués et le comte de Langeron se propose même d'attaquer Turna, situé vis-à-vis Nicopol. Il pense que cette petite place et quelques autres de la rive gauche ne sont point susceptibles d'une grande résistance, qu'il sera en état de s'en rendre maître, au moyen des forces arrivant de Russie et des batteries de 12 dont il peut déjà disposer.

Il est décidé que c'est à la fin d'octobre qu'aura lieu le mouvement des troupes qui doivent venir occuper cette ligne, disposée pour leurs quartiers d'hiver. Votre Excellence jugera sans doute que si le déploiement de forces plus considérables eût pu obtenir de plus grands résultats, celui que présentera l'ensemble de cette campagne est encore assez beau pour justifier les espérances que l'on fonde ici sur la campagne prochaine, si d'heureuses circonstances et d'habiles négociations n'amènent point cet hiver une paix que réclament au reste tous les désirs comme tous les intérêts. La ligne adoptée présenterait une base large et solide pour un renouvellement d'hostilités. Menaçante sous le rapport stratégique, elle doit, sous celui des négociations qui pourront s'ouvrir, être présentée à la Porte comme un motif déterminant, par ceux qui travailleront à la grande œuvre de pacification. Les forces russes réunies et massées dans les provinces du Danube seront, dès l'ouverture de la saison, à portée de s'élancer de nouveau sur les Balkans. L'expérience a démontré que l'emploi successif et trop restreint de ses immenses moyens avait été cette année, pour la Russie, une fausse économie; on suivra, si la guerre recommence, un tout autre système. Les corps de Lithuanie, l'armée polonaise, le corps de 30,000 grenadiers répartis aux environs de Moscou étaient à portée et n'ont pas été mis en mouvement, uniquement parce qu'on ne l'avait pas jugé nécessaire. Je ne sais, Monsieur le comte, si la Porte est en état d'augmenter le déploiement de ses forces dans la même proportion, mais il semble que les Russes auront de grands avantages pour recommencer la campagne, en partant du Danube et d'une seconde base d'envahissement très

avancée que viennent de poser les armes constamment victorieuses de Paskiewicz.

En tout état de cause, la manière dont les résultats de cette campagne seront présentés à
l'opinion publique de l'Europe influera beaucoup sur le succès des tentatives qui pourront
être faites pour rétablir la paix. Beaucoup d'officiers russes regrettent eux-mêmes que les succès de leurs armes n'aient pas été poussés plus
loin cette année, et c'est moi qui ai besoin de
leur rappeler que, dans aucune des guerres
précédentes entreprises en Turquie, ils ne sont
parvenus où ils en sont, en aussi peu de temps.
Quelques affaires partielles où les Russes ont
éprouvé des pertes, celle surtout de 7 canons
enlevés dans une redoute devant Choumla, auront sans doute été hautement célébrées par les
Turcs; mais les Russes, dans les forteresses
qu'ils ont prises, peuvent compter au delà de
15,000 bouches à feu! On a beaucoup parlé de
la valeur individuelle des Turcs, et c'est une
justice que chacun doit leur rendre; mais je les
ai vus souvent en présence de leurs adversaires;
en plusieurs circonstances, la valeur des deux
nations a pu être pesée dans une balance

exacte, indépendante des avantages de tactique et de position, et, je dois le dire, à nombre même inférieur, j'ai vu constamment l'avantage demeurer aux troupes russes.

En un mot, Monsieur le comte, et telle sera la conclusion à tirer de tout ce qui précède, il est à craindre qu'on ne juge dans une partie de l'Europe, et qu'on ne feigne de juger en Turquie de cette campagne plus par ce qu'il eût été possible de faire que par ce qu'on a réellement fait. De ce jugement, cependant, dépendra beaucoup la possibilité de la paix. C'est donc autant dans l'intérêt de la vérité que dans celui d'un pareil but que j'ai pensé qu'il était de mon devoir, en ma qualité de témoin désintéressé que les circonstances ont mis à même de voir et d'entendre sur beaucoup de points différents, d'exprimer une opinion aussi favorable en résultat définitif.

J'ai l'honneur d'être, etc., etc.

Paul DE BOURGOING.

Au comte de La Ferronnays.

Bucharest, le 17/29 septembre 1828.

Monsieur le comte,

Je m'empresse d'annoncer à Votre Excellence un avantage signalé que vient de remporter, en Petite-Valachie, le corps du comte de Langeron. La nouvelle vient d'arriver et je ne crois pas devoir tarder un moment à vous faire connaître ce fait d'armes qui délivre, au moins pour quelque temps, la Petite-Valachie de la présence des Turcs.

C'est à Baïlechty, entre Widdin et Crajowa, que le combat a eu lieu entre le général de Geismar, qui commande environ 4,000 hommes, et les Turcs sortis de Kalafat, vis-à-vis de Widdin, au nombre de 26,000 hommes, suivis de 30 pièces de canon.

Cet habile et brave général se tenait depuis quelque temps sur la défensive que lui prescrivait l'infériorité de ses forces; placé à Crajowa, il n'avait à portée de le soutenir qu'un détachement de 2,000 hommes commandé par le général Reitern. Le comte de Langeron avait, depuis quelques jours, ordonné à ce dernier de se rapprocher du général de Geismar ; celui-ci avait, en effet, reçu l'avis que l'ennemi méditait une forte expédition en Valachie. Cet avis fut justifié par l'événement. Le 14/26 septembre, les Turcs se portèrent sur la route de Crajowa et annoncèrent l'intention d'attaquer le corps russe ; s'étant avancés jusqu'à Baïlechty, ils commencèrent à s'y retrancher suivant leur coutume. Mais le baron de Geismar ne leur en laissa pas le temps, il se présenta devant leur position avec tout son corps. Les Turcs, sortis de leurs retranchements, vinrent au-devant de lui et l'attaquèrent avec une grande vivacité sur tous les points. Le combat dura jusqu'au soir sans aucun résultat marquant. A la nuit tombante, le général de Geismar fit, à dessein, un mouvement rétrograde, qui inspira une fausse sécurité aux Turcs ; à peine furent-ils rentrés dans leur camp, que les Russes, reprenant l'offensive, assaillirent les retranchements ; le combat fut vif et opiniâtre et dura jusqu'à deux heures de la nuit, mais alors la déroute des Turcs devint complète ; ils s'enfuirent en désordre vers le Danube et le refuge que leur offrait Kalafat.

500 prisonniers, 5 canons, 21 drapeaux, tels sont les trophées de cette journée, l'une des plus brillantes de toute la campagne. Les Turcs, venus dans l'intention d'envahir une grande partie de la Valachie pour s'y approvisionner, s'étaient fait suivre par 700 chariots, qui sont restés au pouvoir des vainqueurs.

Les Russes ont perdu 200 hommes, parmi lesquels plusieurs officiers supérieurs.

Parmi les papiers laissés sur le champ de bataille, on a trouvé un écrit qui annonce que cette attaque avait dû être combinée avec un mouvement offensif contre Tourno; il y est dit de plus que 6,000 Bosniaques, qui seront suivis sous peu de 24,000 autres, sont attendus à Widdin. Il est heureux qu'à la même époque les Russes reçoivent des renforts proportionnés et se trouvent en mesure de repousser l'agression dont ils sont menacés.

J'ai l'honneur d'être, etc., etc.

Paul DE BOURGOING.

Au comte de La Ferronnays.

Bucharest, le 17/29 septembre 1828.

Monsieur le comte,

Le courrier Teysset est arrivé hier à Bucharest ; il avait l'ordre de demander au comte Pahlen les informations nécessaires pour se rendre auprès de l'ambassadeur du Roi ; il a été dirigé sur Odessa où, d'après les dernières nouvelles particulières, M. le duc de Mortemart se trouvait encore le 11. D'après l'état sanitaire de la Valachie, le courrier sera obligé de faire une quarantaine à Bender, mais j'ai écrit à M. l'ambassadeur d'envoyer quelqu'un pour recevoir les dépêches qui ne seront ouvertes qu'alors, pour être soumises aux purifications usitées. Les dépêches resteront jusque-là entre les mains du courrier ; j'ai fait expédier des ordres en conséquence aux autorités de la quarantaine.

M. le comte de Langeron vient de me parler, avec beaucoup de regret, de la subite résolution qui vient d'être prise au quartier général.

18

Il eût de beaucoup préféré qu'on suivît le premier plan qui se trouve détaillé dans ma dépêche n° 8 et dont l'adoption lui avait été annoncée par une lettre du général Kisseleff, en date du 3. Le maréchal Wittgenstein lui écrit, au contraire, en date du 9, que l'attaque de Choumla est décidée. Le comte de Langeron écrit aujourd'hui même au grand-duc, pour faire de pressantes représentations contre cette détermination; il a quelque espoir de faire revenir aux anciens projets.

J'ai l'honneur d'être, etc., etc.

Paul DE BOURGOING.

Au comte de La Ferronnays.

Odessa, le 29 septembre/11 octobre 1828.

Monsieur le comte,

Le courrier Teysset, qui de Bucharest s'était dirigé sur Odessa, a appris à Bender le départ de M. le duc de Mortemart pour Varna; les autorités de la quarantaine ayant refusé de le laisser passer outre, il s'est déterminé à prendre la route d'Ismaïl et à se rendre par terre au quartier général. Ayant été dispensé de la quarantaine, j'ai pu arriver hier dans cette ville et je m'embarque demain pour rejoindre l'ambassadeur du Roi.

Je profite d'un courrier expédié aujourd'hui par lord Heytesbury pour adresser à Votre Excellence le bulletin qui vient de paraître à l'instant. Elle y lira le détail de plusieurs combats très vifs qui ont eu lieu devant Varna. Les officiers blessés dans ces affaires, qui sont arrivés ici, ajoutent peu de faits intéressants à ceux dont le bulletin contient le récit, et, malgré les nouvelles défavorables qui se répètent en ce moment à Odessa, il paraît certain qu'une grande véracité a présidé, comme de coutume, à la rédaction de la pièce officielle qui, du reste, ne donnera des nouvelles que jusqu'au 19 exclusivement. La frégate qui les a apportées a mis neuf jours à faire la traversée, et c'est l'absence d'informations plus récentes qui a donné lieu aux bruits alarmants qui circulent dans la ville.

Tous les militaires qui parlent de cette campagne avec connaissance de cause s'accordent cependant sur un point, c'est sur l'urgente, l'impérieuse nécessité de livrer sous peu un assaut à Varna, pour terminer sur ce point avancé les opérations de cette année. D'après les avis que j'ai pu recueillir, la brèche est praticable et l'on peut calculer avec certitude que cette entreprise coûterait cher, il est vrai, mais serait couronnée de succès. L'Empereur, qui désire ménager ses soldats, ne donnera qu'avec un grand regret le signal d'un pareil sacrifice, mais tous les vœux et toutes les opinions sagement calculées le réclament. Il est indispensable, pour la suite des opérations, que Varna soit au pouvoir des Russes d'ici à très peu de temps, et c'est de ce fait que dépendra le jugement qui sera porté sur l'ensemble de la campagne. Si ce point important est emporté, il est à prévoir qu'on se retirera après l'avoir fortifié et approvisionné ; on en reviendra, dans ce cas, à l'idée conçue il y a trois semaines, et communiquée à cette époque au comte de Langeron, de s'en borner là pour cette année et de venir occuper la ligne du Danube.

Dans ce cas, Monsieur le comte, cette campagne, malgré les pertes qui ont été faites, pourra être considérée comme l'utile prélimi-

naire d'une campagne plus décisive, commen-
cée de plus près et entreprise avec plus de
forces.

Il est, au surplus, peu probable que le corps
du général Roth, qui doit être parti de Silistrie
le 26 septembre/8 octobre et qui, d'après les
expressions de son ordre de marche, était destiné à l'attaque de Choumla, soit réellement
mandé pour cette destination. Il est peu probable qu'on songe pour cette année à une entreprise aussi difficile; dans toutes les hypothèses,
le renfort amené par ce général arrivera fort à
propos, et voici les données positives que je
suis en état de transmettre sur sa composition :

Le 6ᵉ corps est formé de deux divisions d'infanterie, d'une division de lanciers et de
2,000 cosaques. Les quatre régiments de lanciers forment un effectif de 1,800 chevaux.

La 16ᵉ division d'infanterie, composée de six
régiments, compte encore de 6,000 à 7,000 baïon-
nettes. Cette division est la seule qui ait pu se
mettre en mouvement le 26 de ce mois.

La 17ᵉ, qui est à peu près de la même force,
était répartie en Valachie et ne pourra arriver
devant Choumla que cinq ou six jours plus tard.

18.

Le général Roth, en calculant exactement les distances, aura donc, du 3/15 au 8/20 octobre environ, 19,000 hommes et 72 bouches à feu à mettre à la disposition du maréchal Wittgenstein.

Le prince Tcherbatoff se trouve devant Silistrie avec environ 15,000 hommes d'infanterie et 4,000 chevaux; des officiers arrivés récemment de cette position annoncent que la grosse artillerie est rendue à sa destination et que les opérations du siège sont sur le point de commencer.

J'ai eu l'occasion de voir, en me rendant ici, la place de Braïloff. Les fortifications avaient été rasées en partie, les revêtements en maçonnerie avaient été renversés par des mines, et cette partie, la plus difficile et la plus dispendieuse des ouvrages de fortification, est entièrement détruite.

M. le marquis de La Rochejaquelein, qui a quitté à son grand regret et par ordre des médecins l'armée de l'Empereur, est arrivé ici atteint d'une fièvre lente; cette fièvre ne présente plus aujourd'hui aucun caractère alarmant. Tous les officiers russes s'accordent à rendre justice à la manière distinguée dont il a servi et qui lui a valu les témoignages les plus flatteurs et là promesse des récompenses qu'il a méritées.

J'ai l'honneur d'être, etc., etc.

Paul DE BOURGOING.

VERSAILLES. — IMPRIMERIE AUBERT

6, avenue de Sceaux.

www.ingramcontent.com/pod-product-compliance
Lightning Source LLC
LaVergne TN
LVHW011940180726
843502LV00003B/847